做自己的律师

丛书主编/韩文生

以案说法

——婚姻家庭继承纠纷法律指引

刘智慧 主编

中国言实出版社

图书在版编目(CIP)数据

以案说法.婚姻家庭继承纠纷法律指引/刘智慧主编.--北京：中国言实出版社,2024.7.--（做自己的律师/韩文生主编）.--ISBN 978-7-5171-4861-6

Ⅰ.D920.5

中国国家版本馆CIP数据核字第2024M2X148号

以案说法——婚姻家庭继承纠纷法律指引

责任编辑：代青霞
责任校对：王战星

出版发行：中国言实出版社

　地　　址：北京市朝阳区北苑路180号加利大厦5号楼105室
　邮　　编：100101
　编辑部：北京市海淀区花园北路35号院9号楼302室
　邮　　编：100083
　电　　话：010-64924853（总编室）　010-64924716（发行部）
　网　　址：www.zgyscbs.cn　　电子邮箱：zgyscbs@263.net

经　　销：新华书店
印　　刷：北京温林源印刷有限公司
版　　次：2024年10月第1版　　2024年10月第1次印刷
规　　格：880毫米×1230毫米　　1/32　　8.375印张
字　　数：223千字

定　　价：68.00元
书　　号：ISBN 978-7-5171-4861-6

丛书编委会

主　任

韩文生

副主任

许身健

编委（以姓氏笔画排序）

丁亚琪　乌　兰　刘　涛　刘炫麟

刘智慧　苏　宇　李　晓　李　琳

范　伟　赵　霞　臧德胜

本书编委会

主　编

刘智慧

副主编

徐　源　冯　昊

撰稿人（以姓氏笔画排序）

王诗瑶　冯　昊　刘智慧　苏　宇
张　荆　张凌霄　徐　源

总　序

在建设法治中国这一波澜壮阔的历史征程中，每个公民不仅是其辉煌历程的见证人，更是积极参与、奋力推动其前行的中坚力量。面对法治时代的召唤，我们如何自处？答案既简单又深远：既要成为遵纪守法的模范公民，又要勇于并善于拿起法律武器，捍卫自身合法权益。这一使命，可概括为以下四个方面：

一是树立法治意识。这是心灵深处的法律灯塔，照亮公民对法律的认知之路。它不仅是对法律规则的敬畏与尊重，更是内化为日常行为的自觉遵循，其强弱直接关系到法治社会的建设成效。

二是培养法治思维。这是开启法律智慧大门的钥匙，引领我们从法治的视角审视世界、解决问题，是推动社会公正与和谐的重要力量。

三是提升法治能力。这不仅是具备从法律视角发现问题、分析问题、解决问题的能力，还体现在能够依法处理各类法律事务上。随着国家治理体系和治理能力现代化的推进，提升法治能力是每个公民不可或缺的技能。

四是依法维护自身合法权益。法律，是公民权利的守护神。

在权益受到侵害时，我们不应选择沉默或妥协，而应勇敢地拿起法律武器，捍卫自己的尊严与权益。通过学习法律知识，了解法律程序，我们能够更加自信地面对挑战，确保自己的合法权益不受侵犯。

这套"做自己的律师"丛书，正是基于这样的理念与使命而诞生。它汇聚了我们身边一些常见的、真实的、典型的法律案例，通过深入解析，全方位、多角度地满足读者学习法律的需求。

丛书共9册，包括婚姻家庭继承、侵权、消费者权益保护、物权、合同、公司、劳动、刑事、行政等法律领域，为读者提供了全面而深入的法律指引。

我坚信，这套丛书将成为每位公民提升法治意识、培养法治思维、增强法治能力、依法维护自身合法权益的得力助手。书中丰富的案例，如同明灯一般，为读者提供可借鉴、可参考的解决方案，让法律不再是遥不可及的概念，而是触手可及、切实可行的行动指南。

我深信，当您细细品读本套丛书之时，定能更深刻地领悟法律之精髓，体会法治之真谛。在这一过程中，您将获得法律知识的全面滋养，清晰界定自己在法律框架中的位置，明确自身权利、义务与责任，从而在面对生活与工作的种种情境时，能够更加自信、有力地捍卫自己的合法权益。

本套丛书的作者群体包括中国政法大学的专家、学者和司法实践经验丰富的律师、法官等。尽管每位成员的工作均极为繁重，但他们以法律普及为己任，不辞辛劳，甘愿牺牲个人休息时间，夜以继日，只为将法律的精髓与智慧凝结成册，按期呈现给广大读者。在此，特向他们致以衷心的感谢！

　　本套丛书不仅对社会大众读者广有裨益，而且对从事立法、行政执法、司法、纪检监察、律师、公证、基层法律服务、法学教研、政府机关、社区、村民自治等相关工作的人士同样具有重要参考价值。

　　愿法律与您同在，愿法治与您同行！

韩文生

中国政法大学法硕学院党委书记

前　言

　　《中华人民共和国民法典》(以下简称《民法典》)被誉为"社会生活的百科全书"，"婚姻家庭编"与"继承编"作为其中的重要组成部分，旨在调整因婚姻家庭和继承产生的民事关系。为因应社会的发展和婚姻家庭、继承观念的变化，解决婚姻家庭、继承关系中出现的新问题，与原《中华人民共和国婚姻法》(以下简称《婚姻法》)、《中华人民共和国收养法》(以下简称《收养法》)、《中华人民共和国继承法》(以下简称《继承法》)相比，"婚姻家庭编"与"继承编"在彰显婚姻家庭立法的连续性和稳定性的同时，对不少原有法律规则做了修改，还通过增设新规则确立了一些新的制度，进一步完善了婚姻家庭、继承制度，备受社会关注。

　　家庭是社会的细胞，家庭和睦则社会安定，家庭幸福则社会祥和。"婚姻家庭编"中的规则不仅对于维护婚姻家庭关系的稳定、依法保障婚姻家庭关系中的当事人的合法权益具有重要意义，也有助于弘扬中华民族的优良传统和婚姻家庭伦理观念、推动社会主义核心价值观在婚姻家庭领域的践行、推进优良家风的树立。为此，围绕婚姻家庭关系中出现的婚约、彩礼、夫妻财产约定、婚内夫妻财产分割、家庭暴力、离婚、无效婚姻与可撤销婚姻、同居关系、亲子关系、抚养与扶养关系、赡养、收养、分家析产、探望权、监护人资格的撤销、代孕等典型纠纷类型，本书作者精心选取了37个真实案例进行逐一剖析，并提出具有针对性的专家建议，旨在给社会公众维护婚姻家庭权益、增强婚姻家庭建设能力提供法律指引，为促进"婚姻家庭编"可以更好地实现规范功能、警示功能和伦理功能助力，对依法建设平等、和睦、文明的婚姻家庭关系有所裨益。

随着自然人合法财产的日益增多，因继承而引发的纠纷数量也大幅上涨，且情形越来越复杂。继承制度事关自然人死亡后的财富传承，也关系着千家万户的切身利益。"继承编"中的规则就旨在充分尊重被继承人的意愿，妥善处理遗产继承问题，避免或者减少遗产纠纷。为此，围绕继承法律关系中出现的转继承、代位继承、遗嘱继承、被继承人的债务清偿、遗赠、遗赠扶养协议、遗产管理、遗产信托、继承纠纷、涉外继承等典型纠纷类型，本书作者精心选取了17个真实案例进行释法明理，并提出具有针对性的专业建议，旨在给社会公众依法保护自己的继承权益提供法律指引，促进家庭财产的传承符合被继承人的意愿，在继承法律关系领域实现民法所追求的公平理念。

本书编委会
2024 年 2 月

目　录

婚姻家庭编

《夫妻财产约定》违反公平原则
有什么法律后果

《夫妻财产约定》是夫妻双方在婚姻关系存续期间对婚前、婚后的财产以书面形式确定归属的一种文件。我们常见的是在夫妻双方感情出现危机、但又没有彻底破裂时，双方通过签署《夫妻财产约定》来保障自己的权益。那么，签署《夫妻财产约定》是否只需要符合法定书面形式即可呢？如果相关条款违反了公平原则，财产是否还能按照《夫妻财产约定》确定的归属来进行分割呢？

一、案例简介

（一）基本案情

李某（女）与胡某（男）原系夫妻关系，双方于 2015 年 12 月 8 日登记结婚，二人均系初婚，婚后未生育子女。双方于 2020 年 11 月 14 日协议离婚，《离婚协议书》约定双方婚后无共同财产、无共同债权债务，任何一方对外负有债务的，由负债方自行承担。

2020 年 11 月 12 日，李某、胡某签订《夫妻财产约定》，内容为"双方于 2015 年 12 月 8 日在北京市朝阳区民政局登记结婚，鉴于男方在婚内有出轨的不正当行为（第三者女方目前已经怀孕），现双方自愿达成如下协议：双方系夫妻关系，婚后无子女，无夫妻共同财产，无共同债权债务，因男方婚内出轨，男方自愿给女方补偿人民币100万元，于2020年12月31日给20万，2022年12月31日给80万。如不能按期支付前述补偿款，则男方将自己名下朝丰家园1号房产补偿给女方一半，并在房产证上添加女方作为共有权人。本协议一式二份，双方各执一份，经双方签字之日起生效"。

胡某未履行上述约定，李某起诉要求：（1）确认李某与胡某于2020年11月12日签订的《夫妻财产约定》有效；（2）判令李某享有朝丰家园1号房屋50%的份额，胡某配合办理过户手续。

庭审中，胡某称《夫妻财产约定》是双方协商离婚中的磋商过程，最终未体现在《离婚协议书》中，不具有法律效力。涉案1号房屋来源于其父亲的宅基地2009年拆迁，安置人口为胡某及父母三人，共安置包含1号房屋在内的三套房屋，1号房屋登记在胡某名下，涉案房屋系婚前交付。李某认可涉案房屋系胡某婚前取得。双方认可涉案房屋市值300万元。①

（二）法院裁决

一审法院认为，李某与胡某均系完全民事行为能力人，均认可在婚姻关系存续期间无夫妻共同财产，由于胡某在婚内与案外人存在不正当关系，故双方协商离婚而签订《夫妻财产约定》，且在该协议签订不久即在民政部门办理了离婚登记，因此涉案《夫妻财产约定》属于胡某基于婚姻过错导致离婚而对李某进行损害赔偿的约定，该约定系双方真实意思表示，且不违反法律、行政法规的强制性规定，内容合法有效，对于双方均具有约束力，故李某要求确定该《夫妻财产约定》有效的诉讼请求，法院予以支持。根据《夫妻财产约定》，胡某应给予李某经济补偿100万元，如胡某未能按期

---

① 详可参见北京市第三中级人民法院（2022）京03民终16979号民事判决书。

支付，则需将涉案房屋的一半补偿给李某。本案中，胡某未按约定履行经济补偿义务，李某有权要求胡某履行。李某、胡某婚姻关系存续时间较短，双方婚内无夫妻共同财产，李某亦认可胡某在婚内的工资收入情况为月均4500元，结合胡某提交的诊断证明、失业证明、残疾军人证等证据，法院认为《夫妻财产约定》中对于胡某应向李某进行损害赔偿的方式以金钱补偿为宜，故李某要求判令其享有涉案房屋50%份额的诉讼请求，法院不予支持。关于胡某应向李某支付的具体经济赔偿数额，法院综合考虑双方婚姻关系存续时间，胡某对于双方离婚的过错程度、胡某的经济收入、李某受到的精神损害等具体情况，根据公平原则酌情予以调整。一审法院判决：（1）李某与胡某于2020年11月12日签订的《夫妻财产约定》有效；（2）胡某于判决生效之日起七日内给付李某损害赔偿款50万元；（3）驳回李某的其他诉讼请求。胡某不服一审判决上诉。二审法院认为一审法院根据公平原则酌情调整经济赔偿数额，并无不当，最终判决驳回上诉，维持原判。

二、以案说法

本案的争议焦点有两个：一是李某和胡某签订的《夫妻财产约定》是否有效；二是《夫妻财产约定》赔偿内容的约定是否公平合理。

（一）夫妻财产约定的概念及形式

《民法典》第1065条规定："男女双方可以约定婚姻关系存续期间所得的财产以及婚前财产归各自所有、共同所有或者部分各自所有、部分共同所有。约定应当采用书面形式。""夫妻对婚姻关系存续期间所得的财产以及婚前财产的约定，对双方具有约束力。"李某和胡某均是完全民事行为能力人，在胡某与案外人发生不正当关系的背景下，双方以书面形式签署《夫妻财产约定》，确认婚姻关系存续期间无共同财产、无共同债权债务，并对损害赔偿进行了约定。虽然未将约定中的内容重新写在《离婚协议》中，但《夫妻财产约定》属于因胡某的过错导致离婚，而对李某进行精神损害赔偿的约定，约定内容是双方真实意思表示，不存在违反法律、行政法规的强制性规定的情形，如胡某不能举证证明签订《夫妻财产约定》时存在被欺诈、胁迫等情形，则应被认定为合法有效。

（二）夫妻财产约定应遵循公平原则

对于损害赔偿内容的约定，因双方确认婚姻关系存续期间无夫妻共同财产，且胡某的收入较低，那么签署名为《夫妻财产约定》的协议并没有共同财产约定的条款，仅有赔偿条款，实际为损害赔偿协议。无论是从赔付能力还是公平原则角度来说，胡某应向李某支付经济补偿100万元或者过户涉案房屋一半产权至李某名下的赔偿约定均过高，有违公平原则，且涉案1号房屋为拆迁安置房屋，亦可能涉及案外人相关权益，胡某难以按照《夫妻财产约定》履行，故认定胡某向李某进行以金钱补偿的损害赔偿方式为宜。但胡某的过错行为确实是导致双方离婚的原因，同时客观上也给李某造成了一定的精神伤害，故结合胡某的经济收入情况、双方婚龄的长短，法院有权根据公平原则进行调整。

故，签订《夫妻财产约定》切不可忽视：从事民事活动应遵循公平原则。

三、专家建议

法定财产制调整夫妻财产关系已经远远不能满足人们对夫妻财产规范的要求了，个性化的夫妻财产约定可以使得夫妻双方更灵活地规范不同形式的家庭财产，满足当事人的不同需求。尤其是在夫妻感情破裂，但又不宜解除夫妻关系时，有效的《夫妻财产约定》可以缓解双方在财产方面的争议，即使未来发生诉讼，有效的《夫妻财产约定》也会降低双方的诉讼成本，提高诉讼效率。《夫妻财产约定》必须以书面形式签订，除此之外，签订《夫妻财产约定》还要注意避免出现与离婚相关的事项，不可约定抚养权与抚养费事宜。夫妻双方也必须在平等自愿的基础上，通过协商，对婚前财产或者婚后财产进行约定，如果一方以欺诈、胁迫手段使对方作出不真实意思的表示，约定无效。另外，在约定财产归属时，如果将婚前财产约定给另一方，还要注意避免被撤销赠与的问题，因司法实践中对于婚前财产的约定到底是按照"约定"还是"赠与"的认定有争议。如被认定赠与，例如不动产，在尚未过户之前，另一方有撤销赠与的权利，那么关于房产的约定则等同于没有约定。

四、关联法条

《民法典》第 1065 条。

夫妻共同财产在婚内是否可以分割

在婚姻关系存续期间可以主张分割夫妻共同财产吗？多数人可能回答说不能。但我国《民法典》对此有明确规定：即便是在婚姻关系期间，若符合法律规定的条件，夫妻一方是可以主张分割婚内夫妻共同财产的，并且可主张多分财产。在近年来的司法实践中，婚内夫妻财产分割纠纷案件的数量也逐渐增多。那么，在什么样的情形下，夫妻一方可以主张分割夫妻共同财产呢？

一、案例简介

（一）基本案情

汪某（女）与张某（男）于1994年12月27日经人介绍登记结婚，双方均是再婚。2005年1月5日，张某交纳了75822元购得涉案房屋。涉案房屋为小产权房，没有房屋权属证书。2020年11月19日，张某未告知汪某便将涉案房屋卖给了王某，王某向张某支付了购房款82万元。现王某已经在涉案房屋内居住。原告汪某以被告张某恶意转移变卖夫妻共同财产为由诉至法院，要求对房屋所售价款进行分割。被告不同意汪某的诉讼请求，认为不符合婚内分割夫妻共同财产的情形。双方已于2000年就处于分居状态，双方财产由个人支配。涉案房屋是2004年被告借款13万元购买，是小产权房屋，未约定为夫妻共同财产，故不是夫妻共同财产。房屋卖了82万元，已经偿还了债务，没有可分割内容。

另查：汪某与张某均退休多年，均有退休金。汪某称其2012年开始去北京市给儿子照顾孩子，平时周末回来，直到2018年儿子家里发生事故，其走不开，才不怎么回来。张某主张自2000年双方就不怎么一块生活了。就此分歧双方均未举证。

再查：经本院与王某调查，其表示，其是通过中介购得涉案房屋，涉案房屋大票在张某名下，张某说其妻子在北京看孩子，他自己就能定下来，且是张某与其儿子一块在场，故其与张某签的合同，并将房款支付给了张某。事后一个老太太找过他，问其买房的情况，其告知了张某，张某让其不用管。①

（二）法院裁决

法院认为涉案房屋购置于夫妻关系存续期间，现无证据证明双方对涉案房屋权属另有约定，也无证据证明涉案房屋系用张某个人财产购买，故应属于夫妻共同财产。婚姻关系存续期间，一方有隐藏、转移、变卖、毁损、挥霍夫妻共同财产或者伪造夫妻共同债务等严重损害夫妻共同财产利益的行为，夫妻一方可以向人民法院请求分割共同财产。根据查明的事实，张某擅自变卖夫妻共同房屋，数额巨大，且未提供任何证据证明其所谓偿还的共同债务的存在及该债务产生于夫妻共同生活，故张某的行为严重损害了夫妻共同财产，汪某要求分割夫妻共同财产符合法律规定，法院予以准许。且参照离婚时夫妻分割共同财产的原则，支持汪某多分，判决汪某分得50万元，张某分得32万元。

二、以案说法

本案的争议焦点有两个：一是张某未告知汪某擅自出售房屋

---

① 详可参见北京市平谷区人民法院（2021）京0117民初7053号民事判决书。

且将购房款据为己有的行为是否属于夫妻一方严重损害夫妻共同财产利益的行为？二是若张某的行为属于夫妻一方严重损害夫妻共同财产利益的行为，对于被转移的财产，应如何分割？

（一）如何认定严重损害夫妻共同财产利益行为

根据我国《民法典》第1066条的规定可知：严重损害夫妻共同财产利益的行为主要指夫妻一方有隐藏、转移、变卖、毁损、挥霍夫妻共同财产或伪造夫妻共同债务的行为。当然该法条在"伪造夫妻共同债务"之后还增加了"等严重损害夫妻共同财产利益的行为"，也就是说若一方实施了其他严重损害夫妻共同财产利益的行为，也应包含在严重损害夫妻共同财产利益的行为之内。本案中，2020年11月19日，张某在未告知汪某的情况下将涉案房屋卖给了王某，王某向张某支付了购房款82万元，但张某却未将购房款告知汪某，亦未交给汪某。现王某已经在涉案房屋内居住。虽张某主张双方于2000年分居，双方财产由各自支配，但张某并未提交证据加以证明。而张某在婚姻关系存续期间擅自变卖婚后所购的房屋，并将购房款占为己有的行为，完全符合我国《民法典》第1066条关于变卖夫妻共同财产的规定，故张某的行为属于严重损害夫妻共同财产利益的行为。

（二）若张某的行为属于夫妻一方严重损害夫妻共同财产利益的行为，对于被转移的财产，应如何分割

张某的行为系变卖夫妻共同财产，属于夫妻一方严重损害夫妻共同财产利益的行为，故对于张某损害汪某夫妻共同财产利益的行为，法院参照适用《民法典》第1092条关于"夫妻一方隐藏、转移、变卖、毁损、挥霍夫妻共同财产，或者伪造夫妻共同债务企图侵占另一方财产的，在离婚分割夫妻共同财产时，对该方可以少分或者不分"的规定，判决汪某多分并无不当。

三、专家建议

因法律对于婚内分割夫妻共同财产的条件规定得较为严苛，故在婚内分割夫妻共同财产案件中，最重要的是对于一方有隐藏、转移、变卖、毁损、挥霍夫妻共同财产或者伪造夫妻共同债务等严重损害夫妻共同财产利益的行为，或者一方负有法定扶养义务的人患重大疾病需要医治，另一方不同意支付相关医疗费用的行为的认定。而上述行为的认定，关键在于证据的收集，比如夫妻双方对于重大夫妻共同财产的处分是否存在沟通的证据，如微信聊天记录、有无配偶签字的财产处分协议等。因此，建议大家在诉讼前务必搜集好相应的证据，如此才能更好地保护自己的合法权益。

四、关联法条

《民法典》第 1062 条、第 1066 条、第 1092 条。

婚约未成，谁该返还彩礼

近年来，天价彩礼的新闻总是层出不穷，引发热议。彩礼原本是我国的传统婚嫁习俗，是父母对新人的美好祝福。但现在，因彩礼而引发的婚恋纠纷却数不胜数，这也使得原本美好的婚姻祝福蒙上了一层阴影，可能使得原本谈婚论嫁的男女最终分崩离析。更有甚者，男女还可能因彩礼问题而对簿公堂，甚至牵累双方父母。既然因婚约引发的彩礼纠纷如此之多，那么，我国现行法律对于彩礼是否有相关的规定呢？若遇到此类纠纷，我们又该如何处理呢？

一、案例简介

（一）基本案情

柳某1（男）与杨某（女）原系恋爱关系，朱某系杨某母亲。2020年5月26日，柳某1与杨某举行了订婚仪式，柳某1按习俗向杨某、朱某给付彩礼现金84000元及烟酒等副食。订婚仪式后，柳某1与杨某自2020年6月至2021年9月期间同居生活，双方未办理结婚登记。后因双方产生矛盾，于2021年10月起结束同居关系。另，订婚后杨某生育一子柳某2。后原告柳某1向法院提起诉讼，请求判令被告杨某、朱某立即共同返还柳某1彩礼款84000元、礼品款2360元、红包款5000元，承担本案诉讼费。被告杨某、朱某则不同意柳某1的诉讼请求，请求法院予以驳回。

另经法院查明，经柳某1委托，甘肃某司法鉴定所于2021年12月2日出具的司法鉴定意见书载明：依据现有资料和DNA分析结果，排除柳某1为柳某2的生物学父亲。[①]

（二）法院裁决

一审法院认为，因原告为与被告杨某缔结婚姻关系，按照当地风俗给付了二被告84000元的彩礼。后原告与杨某未能办理结婚登记手续，致使缔结婚姻的目的无法实现，二被告应当返还彩礼。同时考虑到在原告与杨某订立婚约过程中及同居期间存在一定的支出。故综合考量各方面因素，一审法院酌定彩礼应按80%予以返还，即67200元较为适宜。另在婚约财产纠纷中，彩礼的给付和接受不仅涉及婚约男女双方，还涉及双方的家庭成员，接受彩礼款的女方当事人及家属对彩礼具有共同的权利义务。根据风俗习惯及生活常理，原告给付彩礼的对象应当为杨某及其母亲朱某，故法院判决二被告共同返还彩礼。

对于原告主张的判令被告返还礼品款2360元、红包款5000元之诉讼请求，因购买烟酒副食等礼品及发红包系双方在订立婚约过程中，基于情感、礼节上的赠与，属当地习俗中的礼尚往来，不具有彩礼的性质，不属于彩礼范畴，故驳回了原告该项诉讼请求。原告不服提起上诉。

二审法院认为，一审判决认定事实清楚，适用法律正确。且另查明，经柳某1委托进行司法鉴定，排除柳某1为柳某2的生物学父亲。综合考虑柳某1目前的生活状况以及二人共同生活时间较短等因素，故一审法院酌定二被告返还80%的彩礼，即67200元并无不当，遂驳回上诉，维持原判。

[①] 详可参见甘肃省兰州市中级人民法院（2022）甘01民终4934号民事判决书。

二、以案说法

本案的争议焦点有两个：一是原告柳某1向二被告给付的款项及物品中哪些属于彩礼？二是二被告是否应返还彩礼？若返还彩礼，应返还多少？

（一）彩礼的认定

彩礼系民间婚嫁习俗，主要指男女双方在谈婚论嫁、订立婚约期间及结婚时，按照民间习俗，男方及其家庭给付女方及其家庭一定数量的金钱或价值较高的实物，包括但不限于现金、首饰等贵重物品，表示男方与女方结亲的诚意。根据《最高人民法院关于审理涉彩礼纠纷案件适用法律若干问题的规定》，人民法院可以根据一方给付财物的目的，综合考虑双方当地习俗、给付的时间和方式、财物价值、给付人及接收人等事实，认定彩礼范围。就本案而言，柳某1与杨某于2020年5月26日举行订婚仪式，按照习俗，柳某1向杨某、朱某给付了彩礼现金84000元及烟酒等副食。因此，柳某1在订婚礼上向杨某、朱某交付的84000元应当属于彩礼。而柳某1主张的礼品款2360元、红包款5000元系双方订婚过程中的人情往来，礼节性交往，属于赠与，故不宜认定为彩礼。

（二）双方未办理结婚登记，彩礼是否应予以返还，若应返还，谁该返还，该返还多少

《最高人民法院关于适用〈中华人民共和国民法典〉婚姻家庭编的解释（一）》第5条规定："当事人请求返还按照习俗给付的彩礼的，如果查明属于以下情形，人民法院应当予以支持：（一）双方未办理结婚登记手续；……"本案中，柳某1与杨某于2020年5月26日举行订婚仪式，随后双方同居生活，但不久后，双方产

生矛盾，不再同居。双方虽然举行了订婚，但双方始终未办理结婚登记。故双方的情形符合上述司法解释第5条第1款的规定，双方已订立婚约，柳某1按照习俗向杨某、朱某给付了彩礼，但双方仅举行了订婚，未办理结婚登记手续，故根据上述法律规定，彩礼应予以返还。但是，柳某1与杨某已订婚，在订婚过程中有一定花费，在订婚后，二人亦同居了一段时间，同居期间亦有一定的生活支出，且经鉴定，柳某1亦非柳某2亲生父亲，故法院经综合考量，判决彩礼应返还80%，较为适宜。

此外，朱某是否应与杨某共同承担返还彩礼的义务？在订婚仪式上，柳某1系向杨某、朱某共同交付彩礼，且根据民间习俗，彩礼原本指的便是男方及其家庭给付女方及其家庭的财物，故朱某作为杨某的母亲，在订婚现场也接受了彩礼，其应与杨某共同返还彩礼。

三、专家建议

彩礼系我国流传至今的婚嫁习俗，在现实生活中仍然盛行。因婚嫁彩礼引发的纠纷不在少数，故我国法律规定了关于彩礼返还的三种情形：一是未办理结婚登记的；二是虽办理结婚登记但未共同生活的；三是婚前给付彩礼导致生活困难的。在司法实践中，婚约财产纠纷主要集中体现在彩礼返还上，其中关于彩礼的认定及返还数额往往争议较大，究其原因，主要在于双方未明确彩礼数额及范围，彩礼多为现金给付且无人在场见证。而且男女双方可能会为筹办婚礼或者共同生活花费彩礼。因此，为了避免或减少纠纷，建议男女双方家庭在谈婚论嫁时，尽可能提前将彩礼事宜商谈清楚，比如彩礼的数额、彩礼的给付时间及给付方式、有无媒人或见证人在场等等。如果彩礼用于结婚或共同生活，最好也有相应的消费记录。如此，即便双方因婚约彩礼发生纠纷，那么在诉讼中，双方也有充足的证据证明自己的主张，避免因举证不能而承担不利的诉讼后果。

四、关联法条

《民法典》第 7 条；

《最高人民法院关于适用〈中华人民共和国民法典〉婚姻家庭编的解释（一）》第 5 条。

恋爱期间的花销是否属于彩礼

在恋爱期间，男女双方难免都会有一些大额花销，比如赠送礼物、外出游玩、互发红包等等。若双方从恋爱走到结婚，则一切圆满。若男女双方最终分手，未步入婚姻，那么对于恋爱期间的花销，应该如何认定呢？一方是否有权追回呢？在现实生活中，因此而引发的纠纷也比比皆是。情侣之间的正常交往花费不必过于关注，但若是有特殊用途且金额较大，最好有书面约定，否则，可能落得人财两空。

一、案例简介

（一）基本案情

原告刘某（男）与被告王某（女）于 2018 年相识，后发展为恋人关系。恋爱期间的日常生活费几乎都是原告承担。后因被告出轨致双方分手。在恋爱期间，被告以结婚为由向原告索要钱款243475.38 元。款项用途包括偿还车贷、垫付房租、旅游费等。原告之所以向被告支付款项，都是认为将来双方可以结婚，现双方已分手，故原告要求被告返还涉案款项。被告主张双方未形成任何婚约，仅系共同生活，双方确曾共同出资购买汽车，车辆由二人共同使用。双方彼此之间都有转账记录，双方在同居期间为了解决生活问题相互转账合情合理，并非借贷关系，而是共同消费行为，不同意返还涉案款项。另查，双方未订婚，亦未举办过婚礼。①

（二）法院裁决

法院认为，原告称其系以结婚为目的与被告恋爱，故其为被告支付了涉案款项，现双方分手，结婚目的未实现，故要求返还款项。但根据在案证据及庭审查明的事实可知，双方未订婚，亦未举办过婚礼，在被告否认双方形成婚约的情况下，原告就此未完成充分举证，法院无法认定双方形成婚约，故法院驳回了原告的全部诉讼请求。

二、以案说法

本案的争议焦点有两个：一是恋爱期间原告的花销是否属于彩礼；二是被告是否应返还涉案相关款项。

（一）彩礼的认定

彩礼系民间婚嫁习俗，主要指男女双方恋爱关系基本确定以后，在谈婚论嫁、订立婚约期间，按照当地习俗，男方及其家庭给付女方及其家庭一定数量的金钱或价值较高的实物，包括但不限于现金、首饰等贵重物品，表示其欲与对方缔结婚姻的诚意。就本案而言，原告刘某与被告王某于2018年相识，后发展为恋人关系，此后双方同居生活，在共同生活期间，不仅原告有所花费，且被告亦多次向原告转账，均用于双方日常生活支出，且二人并未订婚，亦未举办过婚礼，无法证明二人已有婚约，故原告在恋爱期间的花费不属于彩礼。

（二）被告是否应返还涉案相关款项

《最高人民法院关于适用〈中华人民共和国民法典〉婚姻家庭

---

① 详可参见北京市朝阳区人民法院（2022）京0105民初72259号民事判决书。

编的解释（一）》第5条规定："当事人请求返还按照习俗给付的彩礼的，如果查明属于以下情形，人民法院应当予以支持：（一）双方未办理结婚登记手续；（二）双方办理结婚登记手续但确未共同生活；（三）婚前给付并导致给付人生活困难。"在本案中，原告称其系以结婚为目的与被告恋爱，故其为被告支付了涉案款项，现双方分手，结婚目的未实现，故要求返还款项。但经庭审查明，原被告双方未订立婚约，不符合上述法律规定的任一情形，而且，原被告系恋爱关系，双方在一起共同生活，双方均有相互转账，且均用于日常生活开销。故涉案款项不属于彩礼，不应予以返还。

三、专家建议

在恋爱期间，情侣之间必然会有所花费，但恋爱期间的花费并不等同于彩礼。对于彩礼的返还，法律有明确规定，但对于恋爱期间的花销，若双方未有婚约，那么在司法实践中多被认定为赠与，系双方自愿为对方的消费。所以，恋爱期间的花费，一般不予返还。但若是恋爱期间，存在借贷及其他金钱之间的往来，最好双方进行书面约定，否则，可能因为恋爱关系的存在而无法说清楚款项的性质，最终导致其他款项无法追回。

四、关联法条

《民法典》第7条；

《最高人民法院关于适用〈中华人民共和国民法典〉婚姻家庭编的解释（一）》第5条。

离婚协议中违约金条款的效力

违约金条款常见于合同文本中，离婚协议类似于合同文本，但又不同于合同文本，因为离婚协议既解决身份关系，又解决财产分割问题。但是，实践中往往有当事人为保障离婚协议的顺利执行，在离婚协议条款中约定违约责任，例如一方逾期支付补偿款的违约责任，一方阻止对方行使探望权的违约责任等。如果一方确实存在违约情况，另一方提起离婚后财产相关诉讼时，能否适用《民法典》合同编的相关规定要求违约方支付违约金呢？

一、案例简介

（一）基本案情

赵某（男）与叶某（女）2016年5月10日签订《离婚协议书》约定："一、男女双方自愿离婚。二、儿子赵某某由女方抚养，随同女方生活，抚养费由男方全部负责，男方应于2016年5月31日前一次性支付10万元抚养费。在不影响孩子学习、生活的情况下，男方可随时探望孩子。三、夫妻共同财产的处理：（1）存款：双方名下无银行存款。（2）其他财产：婚前双方各自的财产归各自所有，男女双方各自的私人生活用品及首饰归各自所有。……六、经济帮助及精神赔偿：因女方生活困难，男方同意一次性支付补偿经济帮助金6万元给女方。鉴于男方要求离婚的原因，男方应一次性补偿女方精神损失费14000元。上述男方应支付的款项，均应于 2017 年 12 月 31 日前支付完毕。七、违约责任的约定：任何一方不按本协议的约定期限履行支付款项义务的，应付违约金 6000 元给对方。八、协议生效时间的约定：本协议一式三份，自婚姻登记机关颁发《离婚证》之日起生效，男、女双方各执一份，婚姻登记机关存档一份。"同日，双方登记离婚。后因赵某未按照离婚协议约定支付第 6 项费用，故叶某提起离婚后财产纠纷，要求赵某支付第 6 项费用，并按照离婚协议第 7 项支付违约金。①

（二）法院裁决

一审法院认为，离婚协议中关于财产分割的条款或者当事人因离婚就财产分割达成的协议，对男女双方具有法律约束力。离婚协议系以解除双方婚姻为目的而签订，是双方针对离婚与否、子女如何抚养、财产如何分配等事宜综合考虑的结果，协议中各个条款彼此相关、相辅相成，构成了一个完整不可分的整体。叶某、赵某到民政部门领取了离婚证且离婚协议系双方在办理离婚手续时自愿签署并在民政部门进行备案，对双方具有法律约束力，双方应依约履行，故赵某应依据离婚协议的约定向叶某支付经济帮助金和精神损害费。根据离婚协议，不履行支付款项义务的，应支付违约金，故叶某要求赵某支付违约金，于法有据，本院对此予以支持。一审判决以后，赵某提起上诉。

二审法院认为，本案中，赵某与叶某于 2016 年 5 月 10 日签订《离婚协议书》，该《离婚协议书》系赵某本人起草，其称所书内容并非双方真实意愿，本院不予采信。双方在民政部门登记离婚后再行同居期间，亦未对《离婚协议书》的内容进行撤销或变

---

① 详可参见北京市第二中级人民法院（2019）京 02 民终 7121 号民事判决书。

更，故一审法院认定，该《离婚协议书》对男女双方具有法律约束力，符合法律规定，本院应予维持。对于叶某要求履行该《离婚协议书》的主张，法院应予支持。二审驳回上诉，维持原判。

二、以案说法

本案中，赵某和叶某均是完全民事行为能力人，在签署离婚协议时，对离婚协议的内容知晓并理解。双方签字即表示同意协议中的全部内容。离婚协议不违反法律、行政法规的强制性规定，且已经在民政局备案，故双方签署的离婚协议合法有效，对双方均具有约束力。双方在离婚协议中约定了违约金条款，因赵某未履行离婚协议，且没有证据证明签署协议时存在欺诈、胁迫情形，故应当依法履行离婚协议并承担违约责任。本案中双方约定的违约金数额也符合实际情况，应予支持。

离婚协议是男女双方对婚姻关系、子女抚养、财产分割以及债权债务综合处理的一份书面约定，双方为了保障自己的利益实现，在离婚协议中约定违约金并不违反法律、行政法规的强制性规定，但是离婚协议又不同于普通的商事合同，具有解决身份关系的内容，不宜将离婚协议等同于市场上的有偿交易行为，尤其是离婚协议中可能包含一方为了达到离婚目的而在财产上所作出的让步，如果完全参照合同交易习惯约定违约金将不利于婚姻关系的处理。

本案中，赵某和叶某在离婚协议中约定的违约金数额仅为6000元，针对涉案标的，符合正常的违约金标准，不存在过高的情况，故法院认定有效，未予调整。

目前，对于离婚协议违约金条款如何认定没有明确的法律规定，但是司法实践中存在以下两种观点：

一种观点认为有效，但违约金约定过高可以调整，调整的规则为：约定的违约金过分高于造成的损失时，人民法院应当以《民法典》第584条规定的损失为基础，兼顾合同主体、交易类型、合同的履行情况、当事人的过错程度、履约背景等因素，遵循公平原则和诚信原则进行衡量，并作出裁判。若当事人约定的违约金超过造成损失的30%的，一般可以认定为约定的违约金过分高于造成的损失。故依据该规定，违约金过高，法院可以视情况进行调整，以保障双方利益平衡。还有一种观点是直接否定违约金条款的效力。例如，江苏高院2019年7月18日下发的《家事纠纷案件审理指南（婚姻家庭部分）》包含了婚姻家庭纠纷中的50个热点难点问题，其中第26条直接否认了离婚协议违约金条款的效力，认为离婚协议属于有关身份的协议，不属于普通民商事合同，离婚后夫妻一方以夫妻另一方未履行离婚协议为由主张按照离婚协议约定支付违约金的，不予支持。

三、专家建议

目前，大多数法院是支持离婚协议中违约金条款有效的，但是有些离婚协议约定的违约金数额过高，法院会依据《民法典》第585条的规定对违约金进行调整。所以当事人在拟定离婚协议时，不要盲目地设置过高的违约责任标准，比如超出法律限定的最高利息标准，甚至约定巨额违约金等，这种情况往往得不到法院的支持。当事人最好能够结合预期造成的损失以及相关诉讼成本等来确定违约金标准，切勿盲目虚高，增加诉讼成本。

四、关联法条

《最高人民法院关于适用〈中华人民共和国婚姻法〉若干问题

的解释（二）》第 8 条（现修改为《最高人民法院关于适用〈中华人民共和国民法典〉婚姻家庭编的解释（一）》第 69 条）；

江苏省高院《家事纠纷案件审理指南（婚姻家庭部分）》第 26 条；

《民法典》第 585 条。

能否就离婚协议中已处理的
财产请求重新分割

离婚后能否以"假离婚"为由推翻离婚协议中约定的财产分割条款，以离婚后财产纠纷为由请求确认离婚协议无效，重新分割夫妻共同财产？离婚是建立在双方自愿协议或经法院判决基础上才能实现的，对于夫妻共同财产的分割同样也更尊重双方协商一致的意见，一旦签署离婚协议并且办理离婚登记，离婚协议中的条款既已生效，协议内容视为双方真实意思表示，无法律规定的特殊情形，离婚协议无法推翻重来。

一、案例简介

（一）基本案情

周某（男）与王某（女）2006年1月登记结婚，2008年5月生育一女周某璐，2015年4月生一子周某琪，2016年6月双方在民政局协议离婚，离婚协议载：一、男女双方自愿离婚。二、双方所生子女周某璐、周某琪由女方王某抚养，男方每月支付抚养费1万元。男方随时探望孩子，但需征求女方同意。抚养费支付至孩子大学毕业为止。三、坐落于北京市海淀区201号房产归女方王某所有。大众汽车离婚后归男方周某所有。各自名下存款归各自所有。双方无其他共同财产。四、双方无共同债权债务。双方对上述协议事项均无争议，承诺对该协议书的字词义非常清楚，并愿意完全履行本协议书，不存在受胁迫、误解情形。周某提起离婚后财产纠纷诉讼，表示因 2016 年 2 月国家出台限购和贷款利率优惠政策，因原有房屋登记在王某名下，为了使周某获得在京购房指标，双方商议通过离婚方式达到此目的。双方仅是在民政局简单填写了《离婚协议书》登记离婚。离婚后双方生活状态并未发生变化。周某请求确认《离婚协议书》中的财产分割条款无效，重新分割夫妻共同财产。[①]

（二）法院裁决

一审法院认为，民事主体从事民事活动，应当遵循诚信原则，秉持诚实，恪守承诺。周某作为完全民事行为能力人应当承担自身行为产生的法律后果。原、被告于 2016 年 6 月经民政部门协议离婚，双方就子女抚养、共同财产分割已经达成一致意见，且原告在询问笔录中多次确认该离婚协议是其真实意思表示。离婚协议中对双方解除婚姻关系；后续子女抚养、对方抚养费的给付及探望权的行使；共同财产中房产、车辆及存款的分割均作出了清晰的处理，协议内容也并不违反法律强制性规定，双方均应按此协议行使权利履行义务。据此，一审判决：驳回周某的全部诉讼请求。周某不服，提起上诉。

二审法院认为，上诉人主张离婚协议为双方当事人共同之虚假意思表示，无论上诉人自身是否存有为优惠购房而"假离婚"的主观意图，被上诉人表示离婚协议的条款内容系其真实意思表示。虽然双方当事人在离婚前后确有卖房、买房之行为及相应的协商，当事人也因生效的离婚行为而享受了优惠购房政策，但上述事实不能得出离婚协议中除离婚之外的其他条款无效的结论，

[①] 详可参见北京市第二中级人民法院（2019）京 02 民终 10676 号民事判决书。

上诉人关于其与王某办理离婚的原因，并不能否定离婚协议的法律效力，双方当事人未对财产作出过有别于离婚协议的书面约定，被上诉人未对财产作出过有别于离婚协议的承诺，故上诉人要求确认离婚协议无效，要求重新分割协议中已经涉及的财产，不符合法律规定。二审最终判决驳回上诉，维持原判。

二、以案说法

根据我国法律规定，下列条件下可以请求重新分割夫妻共同财产：

第一，根据《最高人民法院关于适用〈中华人民共和国婚姻法〉若干问题的解释（二）》第8条、第9条之规定，离婚协议中关于财产分割的条款或者当事人因离婚就财产分割达成的协议，对男女双方具有法律约束力。男女双方协议离婚后一年内就财产分割问题反悔，请求变更或者撤销财产分割协议的，人民法院应当受理。（注：法条已修改为《最高人民法院关于适用〈中华人民共和国民法典〉婚姻家庭编的解释（一）》第70条，即夫妻双方协议离婚后就财产分割问题反悔，请求撤销财产分割协议的，人民法院应当受理。人民法院审理后，未发现订立财产分割协议时存在欺诈、胁迫等情形的，应当依法驳回当事人的诉讼请求。）

第二，《合同法》第52条规定，有下列情形之一的，合同无效：（一）一方以欺诈、胁迫的手段订立合同，损害国家利益；（二）恶意串通，损害国家、集体或者第三人利益；（三）以合法形式掩盖非法目的；（四）损害社会公共利益；（五）违反法律、行政法规的请执行规定。（注：法条已修改为《民法典》第146条、第153条、第154条）

本案中，双方当事人于2016年在民政局登记离婚，备案离婚协议，离婚协议对双方当事人具有约束力，该协议已经发生法律效力。虽然《最高人民法院关于适用〈中华人民共和国民法典〉婚姻家庭编的解释（一）》第70条已经将"一年内"的时间限制删除，但是仍要符合"欺诈、胁迫"情形。本案离婚登记时登记员对周某所作询问笔录内容中，周某表示半年前曾向法院起诉过离婚，后被法院驳回，已经慎重考虑，系自愿离婚；双方具备完全民事行为能力，已经就子女抚养及财产、债务处理协商一致，并确定协议内容没有错误。在登记员询问意思表示是否真实时，周某再次确认是真实意思表示。最后周某在笔录上签字注明时间并捺指印。周某虽坚称双方仅系为取得购房资格而虚假离婚，但王某不予认可，且从双方对共同财产的处理来看不仅限于分割房产，周某亦未提供直接证据证明签订协议时系双方互相串通提供虚假的意思表示，故周某要求确认离婚协议无效，要求重新分割协议中已经涉及的财产，不符合法律规定。

三、专家建议

离婚不是儿戏，更不是规避国家政策的方式。双方一旦签署离婚协议，并在民政局备案，则离婚协议发生法律效力，双方均应承担法律后果。如果签署离婚协议时并非自愿，或者部分条款并非真实意思表示，建议保留被欺诈、胁迫的相关证据，比如相关的聊天记录、录音录像，或者后补书面的离婚协议情况说明，等等，及时向法院申请撤销离婚协议，重新分割夫妻共同财产。如果有夫妻共同财产未体现在离婚协议财产分割条款中，则可以另行提起离婚后财产纠纷，请求法院继续分割。

四、关联法条

《最高人民法院关于适用〈中华人民共和国婚姻法〉若干问题的解释（二）》第8条、第9条（现修改为《最高人民法院关于适用〈中华人民共和国民法典〉婚姻家庭编的解释（一）》第69条、第70条）；

《合同法》第52条（现修改为《民法典》第146条、第153条、第154条）。

一方对家庭财产贡献更大能否要求多分

法律规定，婚姻是以男女两性以长久共同生活为目的的结合。这种结合使彼此之间从原本无血缘关系的两个人，成为法律上具有亲属身份关系的一家人。基于家庭发展的需要，有人负责家庭对内，有人负责家庭对外。但从事家庭内部支持的一方，在付出上往往不直接体现为经济价值，比如赡养老人、抚育子女、操持家务。从表面上看，家庭财富似乎都是对外一方所创造。在离婚时，对外一方就会认为自己应当多分。但事实上，在婚姻关系存续期间所得的家庭收入，本质上都属于夫妻共同共有，双方均有同等的权利。认识并能接受这一点，在实践中就能避免很多的纷争。

一、案例简介

（一）基本案情

任某（男）和甘某（女）于2001年1月登记结婚，2006年双方生有一女。婚后，甘某借助任某在京工作的便利，随任某到北京开设小家电个体户销售的生意。任某的父母从老家来京协助双方照顾孩子，任某的妹妹协助甘某打理生意，任某帮助甘某打开市场。之后，在一家人的共同努力下，甘某的生意越做越大，家庭财产不断积累。随着时间的推移，甘某渐渐认为是自己养了任某的一家人，心生不满，双方感情渐渐疏远。2019年10月，任某在数次努力挽回无望的情况下，向甘某提出离婚，要求分割夫妻共同财产。甘某对任某提出的离婚主张没有异议，但对于平均分割夫妻共同财产坚决不同意。在离婚诉讼过程中，经法院调查，甘某从刚结婚时起就存在与其亲友进行大额资金频繁往来现象，任某认为甘某是为了达到转移财产的目的。这一行为也为双方感情破裂埋下隐患。在购置大部分家庭财产时，银行流水显示，均是从甘某银行账户进行支出。甘某主张系其个人财产，与任某无关。除此之外，双方名下有两套住宅，价格差距较大。甘某认为她付出较多，主张要其中价值较大的一套房屋，不给对方折价款；价值较低的一套房屋同意归对方。但对于这套价值较低的房屋，甘某主张购买时曾向其亲友借款，在离婚诉讼中，要求任某与其共同偿还所借款项。双方主张差距较大，无法进行调解，法院经过数次审理，遂作出判决。

（二）法院裁决

一审法院认为，对财产要确定以平均分割为原则。对甘某购买大宗财产，均系从其个人账户支出的大额流水为其个人财产的主张不予认定，视为家庭支出；价值较大房屋判归甘某，价值较小房屋判归任某，甘某向任某支付两套房屋差额折价款；对于购买价值较小房屋时，甘某主张曾向其亲友借款的主张，一审法院认为，在长达5年的时间内分文未予清偿，在双方离婚前债权人也未予以说明，有违常情，故不予支持。甘某不服一审判决，提起上诉。

二审法院经过审理，对一审判决中的其他判项都予以维持，仅针对甘某主张为购买价值较小的那套房屋曾向其亲友借款的判项予以撤销。原因是，甘某自述其与亲友间借款还款太多了，除了借款还款，其与亲友还有委托理财、共同购房等行为。不能仅以一审理由认定债务不存在。二审遂改判为甘某所主张向亲友的借款，由甘某进行清偿。

二、以案说法

本案的争议焦点有两个：一是婚姻关系存续期间，购买家庭财产时，从一方银行账户进行支付，所支付款项是否为一方的个人财产？二是一方在主张存在夫妻共同债务时，如何认定的问题。

（一）婚姻关系存续期间，一方个人账户的款项是否为个人财产

依据《民法典》第 1062 条规定，夫妻在婚姻关系存续期间所得的财产，为夫妻的共同财产，归夫妻共同所有。也就是说，自双方领取结婚证之日起，不论来自夫妻中的哪一方所获得的收入均视为双方共同共有，并不会区分是由哪一方所赚的钱来进行认定谁对家庭的财产贡献更大。原因是，我国实行夫妻财产共同共有制，除了双方约定夫妻财产分别制外，一律将家庭收入视为共同共有；二是在婚姻家庭内部，由于家庭角色的分工不同，很难将夫妻双方所创造的财产按照贡献来进行区分。故，本案中，虽然在购置大宗财产时，支付款项系从甘某账户汇出，但该款项取得的来源系来自婚内甘某做生意的收入。依据法律规定，为夫妻共同财产。故不管是由谁保管，由谁支付，只要是在婚内经营所得，就属于夫妻共同财产。

（二）一方主张存在夫妻共同债务，应如何认定

司法实践中，判断是否为夫妻共同债务，依据《民法典》第1064 条规定，夫妻双方共同签名或者夫妻一方事后追认等共同意思表示所负的债务，以及夫妻一方在婚姻关系存续期间以个人名

义为家庭日常生活需要所负的债务，属于夫妻共同债务。

本案中，甘某并未提供由双方签字或任某追认此债务的任何证据。虽然甘某从用途方面，主张系用于夫妻双方共同购房支出使用，但从当时双方财产实际状况，并不能显示出存在需要借款的必要。且在长达 5 年的时间里，出借方并未向甘某和任某主张过还款，甚至在双方提出离婚期间，出借方也从未向双方催要过，不符合生活常理。

二审将一审驳回甘某的此项主张予以撤销，改判为由甘某自行偿还。可视为既然甘某坚持认为此债务客观存在，那么二审法院不持异议，认可甘某的陈述。同时也为债权人留有一个救济通道。债权人可据二审法院改判的这条依据，另行起诉甘某。至于最终是否能成立夫妻共同债务，仍旧需要结合案件具体情况来考量。可见，夫妻共同债务成立的前提，除了要看是否为双方合意，同时也要考察债务发生的必要性、事后出借人的催要、出借方与举债方的亲属身份关系多方面进行判断。以此来防止在离婚诉讼中一方假借对外负债来侵害另一方的财产权利。

三、专家建议

夫妻双方在婚姻生活中由于彼此配合，承担了不同的角色。对于家庭中的财产，首先要认识到，其系全家集体合力的结果，应尊重各方的付出。在离婚时，应理性对待法律的相关规定。属于另一方的财产权利，并不会因为一方自认为付出较多，就应当多分。更不会因为一方拒不接受财产平均分割的原则，就容忍一方在房屋分割时对另一方不予折价补偿。同时，对于一方以家庭中存在夫妻共同债务为由，试图使另一方由于最终承担债务而少分财产，是否系夫妻共同债务，是一个全面客观判断的结果。尊重法律，认可他人的付出，就能极大地减少讼累。

四、关联法条

《民法典》第 1062 条、第 1063 条、第 1064 条第 1 款。

协议离婚后如何主张损害赔偿

大部分离婚案件中，离婚的原因都是一方存在过错，进而导致夫妻关系破裂，而过错行为往往会给无过错方带来身体和精神上的损害。为了维护社会公平正义与公序良俗，保护无过错方的合法权益，法律赋予了无过错方在离婚后或离婚时就过错方的过错行为受到的损害享有赔偿请求权，但是无过错方主张损害赔偿的权利也应受到一定限制。本文结合实践中的典型案例，通过无过错方主张离婚损害赔偿的证明责任、协议离婚后提出离婚损害赔偿的时间要求两方面内容，来介绍协议离婚后如何主张损害赔偿的问题。

一、案例简介

（一）基本案情

周某（男）与张某（女）原系夫妻关系，双方于 2017 年 9 月 19 日在民政部门协议离婚，并签署《离婚协议书》。周某称其于 2016 年 8 月 16 日看到张某和异性同学熊某过于亲密的聊天记录，经询问，张某称是老同学之间的感性言论。之后，周某试图挽回夫妻关系未果，最终导致双方离婚。周某提交聊天记录、录音证据佐证上述内容。张某称聊天内容系和老同学之间倾诉生活以及有一些任性的话语，但与熊某不存在婚内出轨和同居等情况，离婚原因在于双方婚姻生活本就不牢固，且周某更换了银行卡密码。①

（二）法院裁决

一审法院认为，当事人对于自己提出的主张有责任提交证据证明。本案中，周某提交的证据不足以证明其符合法律上主张损害赔偿的要件。且其于婚内 2016 年 8 月即知道张某与他人聊天记录一事，但其在双方协议离婚时，即 2017 年 9 月未向张某主张损害赔偿一事，《离婚协议书》中对此并无约定。周某于双方离婚后的 2021 年 4 月提起该诉讼，已超过诉讼时效。综上，法院对于周某的诉讼请求不予支持。周某不服一审判决，提起上诉。

二审法院认为，本案中周某提交的证据不足以证明张某存在过错行为导致其精神受到损害，未提交充分证据证明其符合法律规定的主张损害赔偿的情形。对于周某所称的张某婚内出轨和与他人同居的情况，周某于婚内即知晓，且与张某于 2017 年 9 月 19 日在民政部门协议离婚时，未主张损害赔偿，亦未在《离婚协议书》中对此约定。周某在协议离婚多年后提起离婚后损害责任纠纷诉讼，一审法院在现有证据基础上，综合考虑全案，对周某的诉讼请求不予支持，并无不当。

二、以案说法

（一）无过错方主张离婚损害赔偿的证明责任

对于离婚损害赔偿的法定事由，我国《民法典》第 1091 条采取列举式与概括性规定相结合的立法方式，既明确列举了重婚、与他人同居、实施家庭暴力、虐待、遗弃家庭成员的情形，同时用概括性规定"有其他重大过错"作为兜底，以应对社会生活中

---

① 详可参见北京市第一中级人民法院（2022）京 01 民终 3060 号民事判决书。

的复杂情况。

无过错方在主张离婚损害赔偿时，应举证证明对方的过错行为导致其受到损害。本案中，通过周某提交的证据，不足以证明张某存在过错行为导致其精神受到损害，因而周某的请求未得到法院的支持。

（二）协议离婚后提出损害赔偿请求的时间要求

根据 2021 年 1 月 1 日起施行的《最高人民法院关于适用〈中华人民共和国民法典〉婚姻家庭编的解释（一）》第 89 条之规定，当事人在婚姻登记机关办理离婚登记手续后，以《民法典》第 1091 条规定为由向人民法院提出损害赔偿请求的，人民法院应当受理。该条删除了《最高人民法院关于适用〈中华人民共和国婚姻法〉若干问题的解释（二）》中关于"离婚损害赔偿应在办理离婚登记手续后一年内提出"的时间要求。

因而，在 2021 年 1 月 1 日之后协议离婚的，离婚损害赔偿请求权的行使应适用《民法典》诉讼时效的规定，即无过错方向法院提起诉讼，请求离婚损害赔偿的诉讼时效应为三年，从当事人知道或应当知道原配偶有重大过错行为之日起计算。在 2021 年 1 月 1 日之前协议离婚的，离婚损害赔偿请求权应在办理离婚登记手续后一年内提出。

具体到本案中，周某与张某在 2017 年 9 月协议离婚并办理离婚登记手续，无过错方周某在能够证明张某存在过错行为导致其精神受到损害的前提下，应在办理离婚登记手续后一年内就离婚损害赔偿提起诉讼。

三、专家建议

在夫妻离婚后，因对方的过错行为受到损害的，无过错方有权在法律规定的范围内请求损害赔偿。但应注意的是，损害赔偿的请求获得法院支持的前提之一是无过错方有充分证据证明己方因对方的过错行为受到损害。所以在当事人知道原配偶有重大过错行为时，应注意以合法方式保留证据，以维护自己的合法权益。并在离婚后，及时按照法定时间行使权利，切勿"躺在权利上睡觉"，以免超过法定时间要求而面临败诉风险。

四、关联法条

《民法典》第 1091 条；

《最高人民法院关于适用〈中华人民共和国民法典〉婚姻家庭编的解释（一）》第 89 条。

遭受家庭暴力如何主张损害赔偿

家庭是社会的基本组成单位之一，我国传统文化非常重视家庭的和睦，认为"家和万事兴"。家庭成员之间不仅有道德上的团结和睦、忠诚互爱的义务，亦有法律上的相互扶养、抚养、扶助的义务，如家庭成员的行为对其他家庭成员的身体、精神造成了损害，在满足法律规定的前提条件时，受害方有权请求加害方承担法律责任。其中，因一方家庭暴力导致夫妻离婚的，无过错方有权请求施暴方给予损害赔偿。我们既要端正自己的行为，与家庭成员之间彼此爱护、和睦相处，也要在不幸遭遇家庭暴力时，勇敢运用法律武器维护自身的合法权益。

一、案例简介

（一）基本案情

2010 年 12 月 21 日，刘某（女）和景某（男）登记结婚，婚后双方因生活琐事产生矛盾，争吵中景某多次与刘某发生肢体冲突，造成刘某受伤。2015 年，刘某诉至法院要求与景某离婚。2017 年 6 月 9 日，法院判决解除双方夫妻关系，在离婚诉讼中没有涉及精神损害赔偿问题。2017 年 7 月，刘某起诉要求景某给付精神损害抚慰金五万元并承担案件诉讼费，理由是在婚姻关系存续期间景某因生活琐事多次殴打刘某，给刘某带来了精神和身体的损害。庭审中，景某仅认可 2012 年下半年双方相互殴打过两次。法院依职权调取的证据显示，刘某于 2012 年 9 月 10 日被医院诊断为腰部及周身多处软组织挫伤、头外伤后神经性反应；2013 年 1 月 23 日，被医院诊断为胸部软组织挫伤；2012 年 9 月 12 日、12 月 2 日、2013 年 1 月 23 日，刘某三次进行法医临床学伤检，均不构成轻微伤。[①]

（二）法院裁决

一审法院认为，有实施家庭暴力等情形导致离婚的，无过错的一方有权向有过错方请求损害赔偿，该请求权可以在离婚诉讼时主张，也可以在法院判决离婚后的特定期限内提起。通过庭审查明事实及双方提供证据内容可认定，2012 年 9 月 9 日、12 月 2 日及 2013 年 1 月 23 日，双方因家庭琐事发生纠纷，景某未能冷静控制自己的情绪，争吵中多次造成刘某受伤。法院有理由相信景某的行为对夫妻感情的破裂起到了加剧作用，最终导致双方离婚，景某在婚姻中存在过错，刘某作为无过错方，有权要求损害赔偿。刘某请求赔偿的数额五万元过高，酌情予以调整。判决被告景某于判决生效后七日内赔偿原告刘某精神损害抚慰金二万元。景某不服一审判决，提起上诉。

二审法院认为，婚姻中无过错的一方有权利要求有过错方给予赔偿，该请求权可以在离婚诉讼时主张，也可以在人民法院判决离婚后的特定期限内提起。根据查明事实，景某与刘某在婚后生活中因家庭琐事发生纠纷，在争吵中双方发生肢体冲突，多次导致刘某受伤，景某未妥善处理双方矛盾，存在一定过错，应当给予刘某一定补偿。且即使双方的矛盾事出有因，景某亦应妥善处理，不应发生肢体冲突。二审法院对一审判决予以维持。

---

① 详可参见北京市第一中级人民法院（2017）京 01 民终 9116 号民事判决书。

二、以案说法

（一）家庭暴力的认定

家庭暴力与简单的家庭冲突不同。一般来说，家庭暴力是一方对另一方实施的身体上、精神上的伤害，具有长期性，不是偶发的，往往会造成持续的伤害后果，不仅给受害方造成肉体上的伤害，也会对其心理健康造成一定程度的伤害。在认定一方的行为是否构成"家庭暴力"时，可以从以下几方面出发综合考量：第一，"家庭暴力"是一种积极的身体行为，不作为或不履行法定义务一般不构成家庭暴力；第二，存在"家庭暴力"是认定夫妻感情确已破裂的情形之一，但是夫妻感情确已破裂却不能当然推导出存在"家庭暴力"行为；第三，"家庭暴力"的行为对象不仅包括夫妻一方，也包括受害方的近亲属。

本案中，在婚姻关系存续期间，景某多次对刘某实施暴力行为、伤害刘某的身体健康，其行为应被认定为家庭暴力，刘某有权主张赔偿。

（二）请求离婚后损害赔偿的情形、前提条件与责任主体

根据《民法典》第 1091 条之规定，有下列情形之一，导致离婚的，无过错方有权请求损害赔偿：重婚；与他人同居；实施家庭暴力；虐待、遗弃家庭成员；有其他重大过错。

请求离婚后损害赔偿的前提条件，是一方已经起诉离婚或双方已经离婚。法院判决不准离婚的案件，对于一方基于《民法典》第 1091 条提出的损害赔偿请求，不予支持；在婚姻关系存续期间，一方不起诉离婚而单独依据《民法典》第 1091 条提起损害赔偿请求的，法院不予受理。一方在婚姻登记机关办理离婚登记手续后，以《民法典》第 1091 条规定为由向人民法院提出损害赔偿

请求的，人民法院应当受理（但当事人在协议离婚时已经明确表示放弃该项请求的除外）。

承担损害赔偿责任的主体，为离婚诉讼当事人中无过错方的配偶。如夫妻双方均有重婚、与他人同居、实施家庭暴力、虐待、遗弃家庭成员等过错情形，一方或者双方向对方提出离婚损害赔偿请求的，人民法院不予支持。

本案中，综合案件事实，景某对刘某实施的暴力行为对夫妻感情的破裂起到了加剧作用，最终导致双方离婚。景某在婚姻中存在过错，刘某作为无过错方，有权向刘某要求损害赔偿。

三、专家建议

国家禁止任何形式的家庭暴力，家庭成员之间应当互相帮助、互相关爱，和睦相处，履行家庭义务。反家庭暴力不仅是国家、社会的责任，也是每个家庭、每个家庭成员的共同责任。实施家庭暴力行为，会严重损害家庭成员的身体和心理健康，破坏家庭的和睦，不仅是离婚诉讼中认定夫妻感情确已破裂的情形之一，更是施暴方应依法对受害方承担相应法律责任的依据。我们既不能成为家庭暴力的施暴者，也要在不幸遭到家庭暴力时，积极运用法律维护自身的合法权益，报警、及时就医，制止家庭暴力行为、留存证据，并在相关程序中依法行使损害赔偿请求权。

四、关联法条

《民法典》第 1042 条、第 1091 条；

《最高人民法院关于适用〈中华人民共和国民法典〉婚姻家庭编的解释（一）》第 87 条、第 89 条、第 90 条。

夫妻财产约定能否对抗第三人

订立夫妻财产协议，是对夫妻关系存续期间的财产进行分割的方式。法律并不禁止夫妻间进行夫妻婚内财产以及婚前财产的分割、归属约定，但上述约定仅在夫妻双方之间发生法律效力，除非第三方知晓，否则不能对第三人发生效力，不能作为逃避债务的正当理由。

一、案例简介

（一）基本案情

张某（男）与韩某（女）于1985年结婚，婚后共同拥有一套A房产，2005年二人对A房产进行了初始登记。

2003年，韩某购买了B房产。2005年，韩某与第三人柏某签订《房屋转让协议书》一份，双方同意转让B房产，由第三人柏某负责转让后贷款付款责任。被告韩某向第三人柏某移交了《房地产买卖合同》、购房款收据、天然气初装收据等涉房屋凭证，并交接了B房产，第三人柏某一直居住使用B房产，至今一直由第三人柏某以韩某的名义交纳银行贷款。

2010年，韩某以自付加贷款的方式购买单位集资建设的C房产，并于2020年12月取得C房产不动产权证。

2014年6月12日，被告张某与韩某签订《婚姻内夫妻财产协议书》一份，约定：一、A房产归男方所有。二、C房产归女方所有。三、B 房产已转让他人。四、男方所经营的公司今后发生的一切债权债务均由男方及公司承担。五、室内一切家用电器生活用品等均归女方所有。六、陈年老酒一百多瓶归男方所有。

此后，由于张某与某房产公司出现民间借贷纠纷，某房产公司提起诉讼，法院经审理判决张某偿还借款及利息 80 余万元人民币。某房产公司申请强制执行查封 A 房产及张某名下股权，但 A 房产有抵押无法拍卖，故执行终结。故某房产公司提起诉讼要求确认 B 房产、C 房产为张某与韩某的夫妻共同财产，张某享有 50% 的份额。[①]

（二）法院裁决

1. 关于 C 房产，该房产系婚姻存续期间取得的财产，双方虽然通过约定方式确定婚姻关系存续期间所得的财产，但仅对夫妻双方有效，被告韩某未举证证明房地产公司知道该约定，故对被告韩某、张某在婚姻关系存续期间取得的财产视为夫妻共同财产，被告张某应当具有相应财产份额。故 C 房产属于夫妻共同财产，对房地产公司该项请求予以支持。

2. 关于 B 房产，因该房产已经于 2005 年转让给第三人柏某，第三人柏某一直居住使用至今，并且第三人柏某一直按期交纳银行按揭贷款。该房产虽然登记在被告韩某名下，但是买卖合同已经实际履行多年，双方没有权属争议，第三人柏某已经取得物权，仅是未办理房屋过户登记手续。该房产不能视为被告张某、韩某的夫妻共同财产。结合该房产已经交易的客观实际状况，保护善意第三人的合法权益，对房地产公司的该项请求不予支持。

---

① 详可参见新疆维吾尔自治区乌鲁木齐市沙依巴克区人民法院（2022）新 0103 民初 7267 号民事判决书。

二、以案说法

（一）关于夫妻共同财产约定不能对抗第三人的问题

根据《民法典》第1065条规定："男女双方可以约定婚姻关系存续期间所得的财产以及婚前财产归各自所有、共同所有或者部分各自所有、部分共同所有。约定应当采用书面形式。没有约定或者约定不明确的，适用本法第一千零六十二条、第一千零六十三条的规定。夫妻对婚姻关系存续期间所得的财产以及婚前财产的约定，对双方具有法律约束力。夫妻对婚姻关系存续期间所得的财产约定归各自所有，夫或者妻一方对外所负的债务，相对人知道该约定的，以夫或者妻一方的个人财产清偿。"

本案中，关于被告韩某与被告张某签订《婚姻内夫妻财产协议书》仅对夫妻双方有效，如果希望达到对抗第三人，即房产公司的法律效果，需要有证据证明房产公司对此夫妻财产分割协议知晓，即夫妻双方对房产公司明确履行了告知程序，否则无法对抗作为第三人的房产公司。

（二）关于债权人代位要求对夫妻财产析产的问题

本案为债权人代位析产纠纷，债权人代位析产是指债权在执行阶段，债务人不履行到期债务，或者怠于履行其对第三人的债务，为了保全债权，债权人向人民法院提起代位析产之诉，请求对债务人的共有财产进行分割的制度。根据《最高人民法院关于人民法院民事执行中查封、扣押、冻结财产的规定》的相关规定，在特定条件下债权人可以要求分割共有财产，具体条件如下：

1. 财产共有人之一负有债务并且该债务已经得到法律上的确认。

2. 债权人已经向人民法院申请强制执行。

3.除共有财产外，该债务人无其他可供执行的财产。在执行过程中，人民法院应穷尽调查手段，查明债务人除了与他人共有的财产外，没有其他可供执行的财产，或者是其他财产尚不足以完全清偿债务。

4.财产共有人（债务人和其他共有人）都未主张对共有财产进行析产分割。

三、专家建议

订立夫妻财产协议是夫妻双方较为私密的行为，在不违反法律法规强制性规定，且双方真实意思表示的前提下，自然对夫妻双方是发生法律效力的；但是当夫妻一方对外存在负债的情况下，如果无法证明第三方债权人知晓相关协议的存在，该协议将无法对抗第三人。建议在夫妻订立相关协议后，如出现一方须举债的情况，则留存好将夫妻财产协议告知第三方的相关凭证。

四、关联法条

《民法典》第 1065 条；

《最高人民法院关于人民法院民事执行中查封、扣押、冻结财产的规定》第 14 条。

夫妻财产约定能否涉及其无权处分的财产

人们常常将"一纸婚约"比作一种"合同关系":双方签署"协议",共同为家庭谋求生计、抚养子女、照顾父母,相互扶持。但在"婚约"之外,特殊情况下,夫妻还会额外签署《夫妻财产协议》,就双方婚内或婚前财产的分割、所属进行约定。但若夫妻涉及其无权处分的财产,且无法获得其他权利人追认的情况下,即使进行了夫妻财产协议公证,也属于无效的约定。

一、案例简介

(一)基本案情

汲某(男)与赵某(女)原为夫妻关系。汲某父母为木制品厂职工,单位为汲某父母分配了一套位于"竹器街1门牌号"的住房,汲某还有其他兄弟姐妹。汲某与赵某结婚后无自有住房,便一直居住在"竹器街1门牌号"。此后该套房屋进入旧城区拆迁改造范围,汲某和赵某共同与房产公司签署《城市房屋拆迁安置合同》,由房产公司进行旧城拆迁改造,对汲某与赵某居住的"竹器街1门牌号"房产进行拆迁安置,共拆迁还原三套房屋(A、B、C)。

此后,因夫妻感情不和,赵某于2014年5月20日起诉至法院,要求与汲某离婚。法院经调解并作出民事调解书,确认汲某与赵某离婚。在离婚诉讼庭审中,双方对案涉房屋的权利归属进行了沟通和约定，但由于三套房产尚未取得房产证，且未进行分家析产，故在双方离婚调解书中并未对拆迁涉及的三套房屋的产权归属进行确认与分割。

离婚后，汲某与宋某结婚。其二人曾约定案涉三套房屋中的B、C二套归宋某所有，并在公证处办理公证。

2020年，汲某起诉赵某，要求确认A房产归汲某所有，并要求赵某配合办理房产过户手续；同时，宋某起诉汲某、赵某，要求确认B、C房产归宋某所有，并要求汲某、赵某配合办理房产过户手续。[①]

（二）法院裁决

无处分权的人处分他人财产的，经权利人追认或者无处分权的人订立合同后取得处分权的，该行为才有效。本案中，案涉三套房屋系汲某父母家庭拆迁还原所得，应视为家庭共有。汲某与赵某虽曾在离婚诉讼庭审中对案涉房屋的权利归属进行了沟通和约定，且汲某在与宋某再婚期间，对上述房屋的归属亦作了约定并进行了公证，但鉴于案涉三套房屋系家庭共有，汲某与赵某、宋某的约定在未征得其他共有人意见的情况下，均系无权处分，现其他权利人亦未追认，应属无效，故驳回汲某诉讼请求。宋某对其起诉进行了撤诉。

二、以案说法

（一）关于"无权处分"

"无权处分"，顾名思义，就是将别人的或大家共有的财产进行私自分割或转移。在《民法典》出台前，根据《合同法》第51

[①] 详可参见安徽省怀远县人民法院（2020）皖0321民初5044号民事判决书、（2020）皖0321民初426号民事裁定书。

条规定"无处分权的人处分他人财产，经权利人追认或者无处分权的人订立合同后取得处分权的，该合同有效"。故在《民法典》实施前，无权处分签订的法学学理上一般认为属于效力待定的合同，须经权利人追认或取得处分权方能生效。此后，随着《物权法》《民法典》出台，对于无权处分合同效力有一定争议，但均明确无权处分不能产生物权转移的后果和效力。

本案中，汲某与赵某并非"竹器街1门牌号"房屋的所有权人，其作为居住人签署相关拆迁协议，并不必然直接享有拆迁协议对应的权益，故仍应按照"竹器街1门牌号"房屋的实际权属情况确认财产归属。但在汲某家庭成员未就上述财产进行分割前，汲某与两任妻子擅自就上述家庭财产进行的分割，侵犯了其他家庭共有成员的权益，属于无权处分行为，不能产生物权在汲某及两任妻子之间进行分配的效力。

（二）关于夫妻财产约定公证

公证是公证机构根据自然人、法人或者其他组织的申请，依照法定程序对民事法律行为、具有法律意义的事实和文书的真实性、合法性予以证明的活动。夫妻财产约定公证是夫妻双方在真实意思表示的前提下，就其婚前财产或婚后共同财产进行分割并签署协议后对协议进行的公证。公证的当事人提供的身份材料、婚姻状况材料、财产凭证必须是真实、合法的，若当事人提供的材料不真实、不合法，即使作出公证，也可能造成财产约定无效。

本案中，汲某与宋某结婚后就三套房屋中的B、C二套房产归属进行夫妻财产约定，并在公证处办理公证手续。其公证中可能存在公证处未就房产归属问题查实或存在房产权属证明失实等情况，故本案中即使汲某和宋某办理的夫妻财产约定公证，也不能确认其一定是有效的财产分割行为。

三、专家建议

订立夫妻财产协议，是对夫妻关系存续期间的财产进行分割的方式。法律并不禁止夫妻间进行夫妻婚内财产以及婚前财产的分割、归属约定，但在订立相关夫妻财产协议时，仅能就夫妻共有的或一方婚前所有的财产进行分割，不应对第三方财产或涉及第三方财产权益的财产进行分割，且协议不应违反法律法规强制性规定、不得违反公序良俗的原则，方能订立合法有效的夫妻财产协议，方能在后续履行过程中切实予以执行。

四、关联法条

《合同法》第 51 条（已经废止）；

《民法典》第 311 条、第 597 条、第 1065 条。

能否以婚前隐瞒右侧输卵管切除病史请求撤销婚姻

　　婚姻关系中，其核心的价值是关爱、责任、奉献，通过夫妻之间的情感依存和相互关爱维持婚姻稳定秩序，实现家庭幸福安宁。《民法典》第 1053 条规定了撤销婚姻，本条立法目的在于通过保障婚姻双方的知情权而最终维护婚姻自由自愿原则。因此，如一方婚前确实患有重大疾病，应该如实告知另一方，让另一方在充分知情的前提下作出是否结婚的真实意思表示，否则可能会面临婚姻被撤销的局面，也无法收获真正的幸福。

一、案例简介

（一）基本案情

　　原告花某（男）与被告刘某（女）于 2019 年经人介绍相识，后于 2019 年 9 月 6 日登记结婚，婚内未生育子女。2019 年 10 月，花某母亲为刘某购买首饰，后花某向刘某转账支付彩礼 188888 元，其后双方举办了婚礼。婚后一年多刘某也没有怀孕。花某称：因刘某在婚前隐瞒不孕不育症病史导致花某作出与刘某结婚的错误意思表示，花某直到 2021 年 2 月 21 日才发现刘某有宫外孕及切除右侧输卵管等不孕病史以及某医院出具的不孕不育诊断书。刘某则称自己无女性不孕症，未患有医学上不适宜结婚的重大疾病。于是，2021 年 4 月，原告花某请求法院判令撤销双方婚姻关系；判令被告刘某返还彩礼 188888 元、改口费和婚礼收受礼金 50000 元及金手镯、金项链及金戒指等饰品；判令被告赔偿精神损失 50000 元。[①]

（二）法院裁决

法院认为，关于本案的法律适用，原告花某系于 2021 年 4 月 25 日立案，且其主张发现被告病历及患有女性不孕症情况的时间为 2021 年 2 月 21 日，被告亦未提交证据证明其在 2020 年 12 月 31 日以前就将自身曾进行右侧输卵管切除手术等情形告知原告，现原告主张适用民法典的规定处理本案，符合《最高人民法院关于适用〈中华人民共和国民法典〉时间效力的若干规定》的有关适用情形，故裁判应适用民法典。《民法典》规定，一方患有重大疾病的，应当在结婚登记前如实告知另一方；不如实告知的，另一方可以向人民法院请求撤销婚姻。请求撤销婚姻的，应当自知道或者应当知道撤销事由之日起一年内提出。根据《中华人民共和国母婴保健法》（以下简称《母婴保健法》）的规定，婚前医学检查包括对下列疾病的检查：（1）严重遗传性疾病；（2）指定传染病；（3）有关精神病。婚前已患有上述疾病的公民暂时不适宜结婚，原告提交的被告的诊断证明所诊断的病症不属于上述情形，故法院认为亦不属于可撤销婚姻的法定情形。对于原告主张被告婚前隐瞒重大疾病故要求撤销婚姻的诉讼请求，本院不予支持。原告就此提出的要求返还彩礼、改口费和婚礼收受礼金、金手镯、金项链及金戒指等饰品、赔偿精神损失的诉讼请求亦不予支持。

[①] 详可参见北京市朝阳区人民法院（2021）京 0105 民初 42418 号民事判决书。

二、以案说法

本案的争议焦点主要有两个：发生在民法典实施前的登记结婚行为，是否适用《民法典》婚姻可撤销的规定以及右侧输卵管切除病史是否属于可撤销婚姻中的"重大疾病"。

（一）发生在《民法典》实施前的登记结婚行为可否适用《民法典》的规定

《最高人民法院关于适用〈中华人民共和国民法典〉时间效力的若干规定》第3条规定，民法典施行前的法律事实引起的民事纠纷案件，当时的法律、司法解释没有规定而民法典有规定的，可以适用民法典的规定，但是明显减损当事人合法权益、增加当事人法定义务或者背离当事人合理预期的除外。

本案中，虽然被告右侧输卵管切除病史发生的时间和双方登记结婚的时间都在《民法典》实施前，但原告知晓被告隐瞒病情的时间是在《民法典》实施后，被告隐瞒病情的事实持续到了《民法典》实施后，且《民法典》实施前我国法律没有关于重大疾病可撤销婚姻的规定，为保护无过错方，故本案适用《民法典》的相关规定审理。同时，无过错方应在知晓撤销事由之日起一年内提出，不能逾越这个时间点。本案中，原告是在知晓被告身患疾病后一年内提出的撤销婚姻之诉，符合《民法典》规定。如果现实中无过错方超过期限仍未起诉，将被视为对婚姻关系的认可，《民法典》也本着尊重婚姻自主的原则，认定婚姻有效，而婚姻关系仍可通过离婚等形式解除。

（二）右侧输卵管切除病史是否属于可撤销婚姻中的"重大疾病"

《民法典》第1053条是关于夫妻一方患有重大疾病的婚前告

知义务的规定，该条对原《婚姻法》第 10 条第 3 项进行了变更：其一，以"重大疾病"取代"医学上认为不应当结婚的疾病"；其二，删除了禁婚疾病宣告无效的限制条件即"婚后尚未治愈的"；其三，增设了主观条件，即"不如实告知"违反重大疾病告知义务才能撤销婚姻；其四，法律效果上，以"撤销婚姻"取代了"婚姻无效"。撤销婚姻应当满足所患疾病为"重大疾病"的要件。

对于"重大疾病"的具体范围，《民法典》未作明确规定，但可以参照《母婴保健法》第 8 条、第 9 条、第 38 条，《婚前保健工作规范（修订）》第 1 条，《异常情况的分类指导标准（试行）》第 2 条的规定探寻法律和行业规范中对"重大疾病"的一般性认知。综合以上相关规定，重大疾病可以大致概括为几大类：严重的遗传性疾病、传染病、精神疾病、智力低下、脏器疾病和生殖系统疾病。以上列举应视为符合《民法典》中的"重大疾病"，患病一方均应将患病信息告知另一方。至于其他重大疾病的认定，则由个案具体分析而定。本案中，原告提交的被告的诊断证明所诊断的病症不属于上述列举的属于"重大疾病"的情形，且原告也没有提交明确的证据证明被告右侧输卵管切除就一定会导致不孕不育，因此，法院并未支持原告撤销婚姻的请求。

三、专家建议

《民法典》第 1053 条所规定的"重大疾病"的患病时间应限于结婚前，即患病一方在办理结婚登记手续前所患疾病应有医学诊断或进行过诊疗救治。若一方在婚后才确诊患有重大疾病但未如实告知另一方的，不能溯及影响到另一方是否决定结婚的真实意思，故婚后一方患有重大疾病且未告知另一方的，另一方不享有撤销权。此外，即使是婚前隐瞒，人民法院在判定被隐瞒一方提请的撤销婚姻请求是否应予支持时，不但要考察婚姻一方当事人办理结婚登记前已患有的疾病是否构成《民法典》规定的"重大疾病"范畴，还需要审查该"重大疾病"是否能够足以影响被隐瞒方当事人决定结婚的自由意志、是否对双方缔结婚姻关系后生活造成重大影响。

四、关联法条

《民法典》第 1053 条；

《母婴保健法》第 8 条、第 9 条、第 38 条；

《最高人民法院关于适用〈中华人民共和国民法典〉时间效力的若干规定》第 3 条。

子女受父母胁迫结婚可否请求撤销婚姻

婚姻自由是我国婚姻法的一项基本原则，也是宪法赋予每个公民的一项基本权利。公民享有婚姻自由，结婚必须男女双方完全自愿，禁止任何一方对另一方加以强迫或者任何组织、个人加以干涉。《民法典》也从反面对一些常见的违反婚姻自由的行为作出明确的禁止性规定，向人民群众清晰表明法律对这些行为的否定性评价，有效地指引和规范人们的行为，也为受害人的维权提供了有力的法律武器，对非法侵害他人婚姻自由的行为起到了很好的震慑作用。

一、案例简介

（一）基本案情

周某（女）在其母亲的安排下与付某（男）相亲。因付某家庭条件较好，两家又系远房亲戚，周某母亲非常希望女儿周某与付某缔结婚姻。在周某明确拒绝与付某交往后，周某母亲强行将在外地工作的周某接回家，并以死相逼，表示如周某不同意该婚事就将其赶出家门。周某害怕家庭关系破裂，又担心母亲寻短见，不得不与付某登记结婚并举办婚礼。婚后近一年时间里，双方并未建立夫妻感情，也从未有过夫妻生活。但周某母亲仍坚决不准许周某提出离婚，母女二人多次争吵并发生肢体冲突。周某遂诉至人民法院，请求撤销其与付某之间的婚姻关系。①

（二）法院裁决

审理法院认为，《民法典》第1052条第1款规定："因胁迫结婚的，受胁迫的一方可以向人民法院请求撤销婚姻。"结婚应当是男女双方完全自愿的行为，禁止任何一方对另一方加以胁迫，禁止任何组织或者个人加以干涉。在周某多次明确提出不愿意和付某恋爱、结婚的情况下，周某母亲仍以将周某赶出家门、"死给周某看"等作为要挟，导致周某在违背自由意志的情况下与付某结婚。周某母亲的行为严重干涉了周某的婚姻自由，其行为构成胁迫。现周某要求撤销其与付某之间的婚姻符合法律规定，为维护当事人的合法权益，弘扬自由、文明的社会主义核心价值观，故判决撤销周某与付某之间的婚姻关系。

二、以案说法

本案需要关注的问题主要有两个：一是"胁迫"的构成条件；二是以胁迫为由请求撤销婚姻的主体。

（一）"胁迫"的构成条件

所谓胁迫，是指一方当事人向对方当事人施加危害，使其产生恐惧，并且基于此种恐惧而为一定意思表示的行为。胁迫行为的核心要义，是以造成损害为要挟，或以加害为威胁。通常认为，胁迫的构成需要具备以下几方面要件：

1. 须有胁迫的故意

所谓胁迫的故意，包括了胁迫行为人有通过胁迫行为使被胁迫人产生恐惧心理，并基于恐惧心理而为民事法律行为的故意。

---

① 详可参见最高人民法院发布的第3批10起人民法院大力弘扬社会主义核心价值观典型民事案例之五：周某诉付某撤销婚姻纠纷案。

2. 须有胁迫的行为

所谓胁迫的行为，即胁迫行为人须有以加害威胁被胁迫人的意思表示，并已达到让被胁迫人产生恐惧的程度。被加害的对象，不仅包括被胁迫人自身，也包括其近亲属的生命、身体健康、名誉、财产等。

3. 须受胁迫人因胁迫而产生恐惧

此即受胁迫人意识到自己或其亲友的某种利益将遭受较大危害而产生恐怖、惧怕的心理，胁迫人的行为与被胁迫人陷于恐惧之间存在因果关系。

4. 须受胁迫人因恐惧而为意思表示

被胁迫人的恐惧和作出相应意思表示之间存在因果关系，而且该意思表示违背表意人的真实意思。换言之，如果不存在被胁迫的事实，则表意人不会作出该种意思表示。

5. 胁迫须具有违法性

所谓违法性，包括非法的目的和非法的手段。须被胁迫人因恐惧心理而为的意思表示与胁迫行为间具有因果关系。当胁迫行为与结婚没有必然的因果关系时，被胁迫一方不得请求撤销婚姻关系。

本案中，周某母亲采取过激、非法手段，包括强行接周某回家及以死相逼导致周某产生恐惧心理，为完成母亲心愿，维持家庭关系，被迫与付某缔结婚姻，符合"胁迫"的构成要件。

（二）以胁迫为由请求撤销婚姻的主体

尽管受胁迫者包括婚姻当事人本人和其近亲属，但因胁迫而结婚的，主要违背的是受胁迫的婚姻关系当事人的意愿，损害的是婚姻关系当事人的个人利益。因此，根据《最高人民法院关于适用〈中华人民共和国民法典〉婚姻家庭编的解释（一）》第18

条规定，因受胁迫而请求撤销婚姻的，只能由受胁迫一方的婚姻当事人本人提出，其近亲属及其他组织和个人均无权提出。该规定充分体现婚姻自由原则，尊重当事人对婚姻关系的自由意愿，有力地保护了婚姻关系当事人的合法权益。

在现实生活中，不排除有当事人虽然受胁迫而结婚，但与对方当事人在婚后的共同生活期间建立了感情，或已生育子女，家庭关系也较为和睦，当事人愿意继续共同生活。此时，如果法律强行规定对此类婚姻一律予以确认无效或撤销解除，反而不利于保护婚姻当事人和子女的利益，不利于婚姻家庭关系的稳定。因此，将因胁迫而缔结的婚姻规定为可撤销婚姻，把是否解除该等婚姻效力的形成权赋予受胁迫的一方当事人更为合理。如果受胁迫方不愿意维持该婚姻，可以向婚姻登记机关或人民法院请求撤销；如果受胁迫方愿意继续共同生活，也可以放弃申请撤销婚姻的形成权，婚姻登记机关或人民法院不能主动撤销当事人的婚姻关系。这充分体现了兼顾个人利益和社会利益的立法原则，也有利于保障法定结婚条件和程序的实施，有利于保护当事人，特别是保护善意当事人及子女的利益，对于维护合法婚姻，预防和处理违法婚姻都具有重要的意义。

三、专家建议

对于存在可撤销婚姻情形的，法律只是赋予了当事人撤销权，但在撤销权主体行使撤销权之前，双方的婚姻自由仍受到法律保护，并非一概否定婚姻登记的效力，关键在于拥有撤销权的一方是否行使撤销权。对于干涉婚姻自由的行为，一定要勇于拿起法律武器维护自己婚姻自由的权利。在面对伤害的时候，也要加强自我保护意识，注意保留对方威胁、殴打等相关证据，及时报警，向当地政府（女性可以向妇联）寻求帮助，或直接向人民法院起诉，解除不幸的婚姻关系。

四、关联法条

《民法典》第 1046 条、第 1052 条、1504 条；

《最高人民法院关于适用〈中华人民共和国民法典〉婚姻家庭编的解释（一）》第 18 条。

能否以一方患有精神疾病为由
主张婚姻无效

《民法典》第 1051 条较之《婚姻法》（已废止）第 10 条删去了将一方患病作为婚姻无效事由的规定。但实务中不乏存在在《民法典》生效之前进行婚姻登记，并在《民法典》生效之后以一方患有精神疾病为由主张婚姻无效的情形。此种情形下的法律适用和婚姻效力认定问题存在争议。由于前述争议关乎婚姻当事人的权益保护，有必要加以讨论。

一、案例简介

（一）基本案情

1982 年 1 月 8 日，欧阳某 1、连某 1 登记结婚。2021 年 12 月 12 日，欧阳某 1 去世。欧阳某 1 去世后，欧阳某提起诉讼，请求确认欧阳某 1 与连某 1 的婚姻无效，并就其主张向法院提交欧阳某 1 住院病历，显示欧阳某 1 于 1971 年、1972 年、1976 年、1983 年在首都医科大学附属北京安定医院住院，诊断为精神分裂症。[①]

（二）法院裁决

一审法院认为，根据《民法典》第 1051 条规定以及《最高

---

① 详可参见北京市第二中级人民法院（2022）京 02 民终 13948 号民事判决书。

人民法院关于适用〈中华人民共和国民法典〉婚姻家庭编的解释（一）》第 17 条规定，本案中，欧阳某以欧阳某 1 在与连某 1 登记婚姻时患有精神分裂症为由主张二人婚姻无效，于法无据，法院对此不予支持。欧阳某不服一审判决，提起上诉。

二审法院认为，首先，欧阳某 1 与连某 1 虽然于 1982 年 1 月 8 日登记结婚，但其婚姻关系至欧阳某 1 死亡时已经存续近四十年，依据《最高人民法院关于适用〈中华人民共和国民法典〉时间效力的若干规定》，从更有利于保护民事主体合法权益、更有利于维护社会和经济秩序等方面综合考虑，一审法院对本案适用《民法典》第 1051 条规定，并无不当，欧阳某所主张的婚姻无效事由不符合《民法典》第 1051 条的规定；其次，即使根据当时的法律规定，即《婚姻法》第 10 条第 3 项、《母婴保健法》第 9 条规定，经婚前医学检查，对有关精神病在发病期内的，医师应当提出医学意见，准备结婚的男女双方应当暂缓结婚。鉴于双方提交的门诊和住院病历的就医时间均与登记结婚时间不同，欧阳某亦不足以证明双方登记结婚时处于"发病期"。欧阳某要求确认欧阳某 1 与连某 1 的婚姻无效，亦不符合上述法律规定。故二审法院最终判决驳回上诉，维持原判。

二、以案说法

本案的争议焦点主要有两个：一是对于一方以对方在婚姻登记时患精神疾病为由主张婚姻无效应当适用《民法典》还是《婚姻法》；二是"精神病"是否属于"医学上认为不应当结婚的疾病"。

（一）一方以对方患精神疾病为由主张婚姻无效的，应适用《民法典》还是《婚姻法》

针对能否以一方患精神疾病为由主张婚姻无效的法律适用问题，应区别两种情况予以确认：

1. 根据最高人民法院《关于适用〈中华人民共和国民法典〉时间效力的若干规定》（以下简称《民法典时间效力规定》）第1条规定，《民法典》施行后的法律事实引起的民事纠纷案件，适用《民法典》的规定。《民法典》施行前的法律事实引起的民事纠纷案件，适用当时的法律、司法解释的规定。因此对于在《民法典》生效之前进行婚姻登记并以患病为由主张婚姻无效的，应当依据《婚姻法》第10条进行判断；对于在《民法典》生效之后进行婚姻登记并以患病为由主张婚姻无效的，应当依据《民法典》第1051条进行判断。

2. 对于在《民法典》生效之前进行婚姻登记，并在《民法典》生效之后以患病为由主张婚姻无效的情形的法律适用问题，在司法实务层面，作者以"婚姻无效""婚姻效力纠纷""最近3年"作为关键词，对全国范围内的类似案件进行查询：将《婚姻法》作为裁判依据的共有6例[1]，法院认为《民法典》施行前的法律事实引起的民事纠纷案件，应适用当时的法律、司法解释的规定。将《民法典》作为裁判依据的共有8例[2]，本案中，两审法院均秉

---

[1] 详可参见（2021）津0104民初3966号、（2021）沪02民申390号、（2021）赣0791民初305号、（2022）豫0611民初1075号、（2022）豫0527民初2962号、（2023）鄂0281民初3478号等民事判决书。

[2] 详可参见（2022）京02民终13948号、（2022）京01民终5110号、（2022）京0105民初18221号、（2021）京0108民初47137号、（2021）京0102民初14419号、（2021）京0118民初230号、（2021）鲁0704民初4161号、（2022）鄂03民终255号等民事判决书。

持此种观点。法院认为"当事人虽然于 1982 年 1 月 8 日登记结婚，但其婚姻关系已经存续近四十年，从更有利于保护民事主体合法权益，更有利于维护社会和经济秩序等方面综合考虑，应适用《民法典》第 1051 条规定"。

一般认为，对于在《民法典》生效之前进行婚姻登记，并在《民法典》生效之后以患病为由主张婚姻无效的情形，应当适用《民法典》作为裁判依据。原因主要在于：

第一，从法理层面，首先，适用《民法典》第 1051 条更大程度地尊重了当事人的婚姻自由，这也符合了《民法典》将"婚前患有医学上认为不应当结婚的疾病，婚后尚未治愈的"从条文中予以删除的本意；其次，虽然当事人在《民法典》生效之前进行婚姻登记，但当事人的婚姻事实以及一方患病事实均持续至《民法典》施行后。根据《民法典时间效力规定》第 1 条，《民法典》施行前的法律事实持续至《民法典》施行后，该法律事实引起的民事纠纷案件，应适用《民法典》的规定。

第二，从司法实务层面，通过本文查询，适用《民法典》作为裁判依据的案例数量高于适用《婚姻法》作为裁判依据的案例数量。其中，北京地区的所有涉及案件均适用《民法典》第 1051 条作为裁判依据。综上，对于在《民法典》生效之前进行婚姻登记，并在《民法典》生效之后以患病为由主张婚姻无效的案例，适用《民法典》第 1051 条在法理上具备正当性，在司法实务上具有趋向性。

（二）精神疾病是否属于"医学上认为不应当结婚的疾病"

如前所述，部分法院仍以《婚姻法》第 10 条作为裁判依据，而《婚姻法》第 10 条规定婚前患有医学上认为不应当结婚的疾病，婚后尚未治愈的，婚姻无效。现行法律并没有明确规定哪些属于"医学上认为不应当结婚的疾病"。一般是根据《母婴保健法》《婚前保健工作规范》《异常情况的分类指导标准（试行）》等规定进行认定。根据《母婴保健法》第9条规定，经婚前医学检查，对患指定传染病在传染期内或者有关精神病在发病期内的，医师应当提出医学意见；准备结婚的男女双方应当暂缓结婚；《婚前保健工作规范》第1条第4款则规定，重型精神病，在病情发作期有攻击危害行为的，注明"建议不宜结婚"。发现指定传染病在传染期内、有关精神病在发病期内或其他医学上认为应暂缓结婚的疾病时，注明"建议暂缓结婚"。根据《异常情况的分类指导标准（试行）》第2条规定，"暂缓结婚者"的情形包括"精神分裂症、躁狂抑郁症和其他精神病发病期间"。

　　司法实务中对于精神疾病患者的婚姻是否为无效婚姻的观点不一。部分判决认为，根据特定精神疾病属于《婚姻法》第10条第3项所规定的"医学上认为不应当结婚的疾病"。[①]部分判决认为，不能当然将精神疾病认定为"医学上认为不应当结婚的疾病"，应当根据行为人在缔结婚姻时是否具备相应的民事行为能力认定婚姻的效力。[②]相较而言，第二种观点更值赞同。原因主要在于：首先，前述规定将"精神病"作为"建议暂缓结婚"而非"不许结婚者"；其次，将"精神病"作为"建议暂缓结婚"事项的前提是处于"发病期"。如果当事人未处于精神病发病期，具备进行婚姻行为的民事行为能力，则其不属于不宜结婚或暂缓结婚的情形。本案中，鉴于欧阳某不足以证明欧阳某1与连某1登记

---

① 如（2020）渝0107民初11269号、（2019）黔0102民初11694号、（2019）沪0109民初16464号等民事判决书。

② 如（2017）京0105民初37098号、（2018）浙0783民初605号、（2020）沪03行终456号等民事判决书。

结婚时处于"发病期",不符合《婚姻法》第 10 条规定的婚姻无效条件,因此即便根据《婚姻法》第 10 条也不得主张婚姻无效。

三、专家建议

基于《民法典》的出台和司法实务的趋向性,对于是否能以一方患精神疾病为由主张婚姻无效,应适用《民法典》第 1051 条作为裁判依据。根据《民法典》第 1051 条,一方患有重大疾病不再属于婚姻无效事由。但是应当注意的是,一方患有重大疾病的婚姻并非绝对有效,如果患病一方未在结婚登记前如实告知另一方,则另一方可以向人民法院请求撤销婚姻。此外,如果法院适用《婚姻法》作为裁判依据,对于一方患有精神疾病的情况,主张婚姻无效者应提供婚姻登记时一方处于精神病发病期的有效凭证。

四、关联法条

《民法典》第 1051 条、第 1053 条;

《中华人民共和国婚姻法》(已废止)第 10 条;

《最高人民法院关于适用〈中华人民共和国民法典〉婚姻家庭编的解释(一)》第 17 条;

《关于适用〈中华人民共和国民法典〉时间效力的若干规定》第 1 条、第 2 条;

《母婴保健法》第 9 条;

《婚前保健工作规范(修订)》第 1 条第 4 款。

重婚情形中如何认定"婚姻"效力

重婚因严重违反我国一夫一妻制度而被我国法律予以否定，属于婚姻无效事由之一。但实务中存在这样一种情形，即现存"婚姻"当事人申请重婚婚姻无效时，前段婚姻已经解除。这就引发了对于现存"婚姻"是否有效的讨论。厘清该问题，不仅能够更好地实现对有关重婚效力确认案件的公正处理，也有助于维护婚姻当事人的权益，弘扬崇德向善、尊法守法的良好家庭美德和社会风尚。

一、案例简介

（一）基本案情

明某（男）与案外人王某某（女）登记结婚，在婚姻存续期间，明某（女）又与申某登记结婚。2020 年 8 月，明某与案外人王某某调解离婚。2020 年 11 月 30 日，滑县人民法院作出（2020）豫 0526 刑初 351 号刑事判决书，以明某犯有重婚罪，判处有期徒刑一年。后申某向法院提起诉讼，要求认定其与明某的婚姻无效。①

（二）法院裁决

一审法院认为，有重婚情形的婚姻无效，当事人可向人民法

---

① 详可参见河南省安阳市中级人民法院（2021）豫 05 民终 1403 号民事判决书。

院申请宣告婚姻无效。但申请时，法定的婚姻情形已经消失时，人民法院不予支持。明某重婚，其与申某的婚姻属于无效婚姻，但明某于 2020 年 8 月与案外人王某某已调解离婚，即申某起诉明某时法定的无效婚姻情形已经消失，故对于申某的诉讼请求人民法院不予支持。申某不服一审判决，提起上诉。

二审法院认为，本案中，明某在与王某某婚姻关系存续期间，又与申某登记结婚，其行为已构成重婚。重婚是严重违反一夫一妻制原则的行为，虽然在申某提起本案诉讼之前明某已经解除了其与王某某的婚姻关系，但并不影响其与申某婚姻无效的认定。二审法院最终判决确认申某与明某的婚姻无效。

二、以案说法

本案的争议点在于重婚情形下，前段婚姻解除后，现存"婚姻"是否有效。

（一）重婚的认定

根据《民法典》第 1051 条的规定："有下列情形之一的，婚姻无效：（一）重婚；（二）有禁止结婚的亲属关系；（三）未到法定婚龄。"其中，重婚是指有配偶的人又与他人登记结婚的行为，或者明知他人有配偶而与他人登记结婚的行为。

本案中，明某已与案外人王某某登记结婚，此种情形下又与申某登记结婚，属于有配偶而与他人登记结婚的情形，应认定为重婚。

（二）重婚情形下，前段婚姻解除后，现存"婚姻"是否有效

《最高人民法院关于适用〈中华人民共和国民法典〉婚姻家庭编的解释（一）》第 10 条规定，当事人依据《民法典》第 1051 条规定向人民法院请求确认婚姻无效，法定的无效婚姻情形在提起

诉讼时已经消失的，人民法院不予支持。重婚属于法定婚姻无效事由之一。在重婚情形下，前段婚姻解除后，现存"婚姻"是否有效，存在争议。第一种意见认为，《最高人民法院关于适用〈中华人民共和国民法典〉婚姻家庭编的解释（一）》第10条未将重婚情形排除在外，即申请人申请确认婚姻无效时，若重婚一方已与其合法配偶离婚，则申请方的婚姻仍然有效；第二种意见认为，重婚属于严重违反一夫一妻制的行为，不因前段婚姻解除而转化为有效；第三种意见认为，重婚婚姻原则上无效，但基于保护善意一方之目的，婚姻效力可予以例外补正。本案中，一审法院持第一种意见，二审法院持第二种意见。一般认为，第三种意见兼具对我国婚姻制度的维护和对于善意一方的保护。在重婚的情形下，对于现存"婚姻"的效力应当区分不同情况予以分别认定。具体为：

1. 重婚原则上无效

《民法典》第1041条规定，我国实行一夫一妻的婚姻制度。第1042条规定，禁止重婚。重婚严重违背了《民法典》关于一夫一妻制的基本原则，其不仅对成立在先的婚姻关系及其当事人造成伤害，也有违婚姻家庭伦理，不利于弘扬社会主义核心价值观。也正是因为重婚行为的严重性，其不仅是一般违法行为，同时也被纳入刑事制裁的范畴。《中华人民共和国刑法》（以下简称《刑法》）第258条规定，有配偶而重婚的，或者明知他人有配偶而与之结婚的，处二年以下有期徒刑或者拘役。因此，重婚原则上无效。

2. 例外情形：基于保护善意一方的目的，现存"婚姻"有效

实践中部分重婚中的后婚一方当事人对重婚事实并不知情且不存在过错，其善意地尽到了一个配偶应尽的家庭义务，已经形

成了较为稳定的社会关系。由于《民法典》第 1051 条主要苛责的是明知己方重婚的一方，而非善意一方，因此基于保护弱者以及良善之人的基本民法理念，应当综合考量后一婚姻的形成和存续状况，如婚姻缔结的具体经过、缔结后社会公众的认可程度、缔结的时间长短、是否生育子女等，允许例外补正后一婚姻的婚姻效力。

本案中，明某的行为已构成重婚，申某与明某的婚姻原则上无效。但若申某属于善意一方，法院综合考量后一婚姻的形成和存续状况，也可例外判定后一婚姻有效。

三、专家建议

婚姻是人生大事，在选择婚姻对象时，应极为慎重。确定婚姻关系前应对对方的婚姻状况、家庭及社会背景进行全面的了解。如果发现对方已具有婚姻关系，应及时止损，切勿使"爱情"与法律相悖；对于已处在婚姻关系者而言，应当坚决尊重和执行法律规定的一夫一妻制，重婚者必然会受到来自法律和道德的惩罚与批判。

四、关联法条

《民法典》第 1041 条、第 1042 条、第 1051 条；

《最高人民法院关于适用〈中华人民共和国民法典〉婚姻家庭编的解释（一）》第 10 条；

《刑法》第 258 条。

怎样在法律上确认亲子关系

作为父母"爱的结晶",孩子基于一种"血浓于水"的亲情关系,通常会得到双亲无微不至的关爱。但这一前提又往往不能忽略——除却收养关系等情况外,人们更倾向于对自己的亲生子女负责。一般而言,母亲可通过分娩的事实而很容易地确定孩子是由自己亲生,但父亲却无法通过这一事实进行确认,也由此产生了较多的以确认父亲与孩子之亲子关系为目的的纠纷。亲子关系的确认,不仅关系到血缘关系的真实性,又与家庭稳定和子女的健康成长息息相关,值得关注。

一、案情简介

(一)基本案情

周某1(女)于2015年12月23日在青岛妇婴医院生育一女周某2。周某1主张付某某(男)系周某2的亲生父亲,并提交了自青岛妇婴医院调取的授权委托书、麻醉术前访视记录、产科手术知情同意书(剖宫产等)、定点医院提供特需医疗服务协议书各一份,及其与付某某的支付宝聊天记录一宗,付某某对上述部分证据的真实性予以认可。周某1向人民法院申请就周某2与付某某之间存在亲子关系进行鉴定,在法庭向付某某征询意见并释明拒绝鉴定法律后果后,付某某明确拒绝进行鉴定。经付某某申请,人民法院依法委托了青岛联科司法鉴定所进行笔迹鉴定,但由于付某某未配合办理相关手续，故鉴定工作未顺利进行。①

（二）法院裁决

一审法院认为，本案中，周某 1 主张付某某为其女儿周某 2 的亲生父亲，并已提供了其生育周某 2 时的相关病案记录及其与付某某的支付宝聊天记录，上述证据显示付某某均以周某 1 的配偶身份进行签名，并曾与周某 1 交涉过孩子的抚养问题，且上述证据之间能够相互印证，形成较为完整的证据链。因此，在付某某拒绝进行亲子鉴定亦未提供相反证据的情况下，周某 1 已完成了就其主张提供必要证据的举证责任。由此判决：确认原告周某 1 之女周某 2 与被告付某某存在亲子关系。付某某不服一审判决，提起上诉。

二审法院针对上诉人（付某某）"其与被上诉人（周某 1）不存在夫妻关系，被上诉人未完成'必要证据'的举证义务"之主张，认为本案中，根据已查明的事实，上诉人以"配偶"身份签署被上诉人剖宫产手术知情同意书等，与被上诉人协商周某 2 的抚养问题，被上诉人提供的证据证明当事人之间存在亲子关系具有一定的事实依据，然而上诉人未提供相反的证据，又坚决不同意做亲子鉴定，一审法院根据一方提供的"必要证据"及对方未提供反驳证据、对亲子鉴定的态度等推定被上诉人请求确认亲子关系的主张成立并无不当，认定事实清楚，适用法律正确，应予维持。故判决驳回上诉，维持原判。

二、以案说法

本案的争议焦点有二：一是周某 1 是否可以提起该确认亲子

---

① 详可参见山东省青岛市中级人民法院（2022）鲁 02 民终 775 号民事判决书。

关系之诉；二是对亲子关系应当如何认定。

（一）提起确认亲子关系之诉需满足的条件

1. 提起确认亲子关系之诉的适格主体

根据《民法典》第 1073 条规定，父或母以及成年子女可以向人民法院提起诉讼，请求确认亲子关系。对于未成年子女，实践中多以母亲作为其法定代理人的身份提起诉讼。这里的父或母，一般包括如下情形：（1）具备婚姻关系的父母，此情形下法律推定婚生子女为亲生子女，往往无须提起确认亲子关系之诉；（2）曾有同居关系的父母，此情形下若同居男女未结婚，则任何一方均可提起确认亲子关系之诉；（3）错误登记的父或母，此情形下生父母可提起确认亲子关系之诉。[①]

本案中，周某 1 作为周某 2 的母亲，可以作为提起确认亲子关系之诉的适格主体，且该资格并不以其与付某某存在夫妻关系为必要，因此人民法院未依此排除周某 1 的提起诉讼权利，值得肯定。

2. 提起确认亲子关系之诉的正当理由

根据《民法典》第 1073 条之规定，要提起确认亲子关系之诉，不仅仅需要主体适格，同时需要具备正当理由。这里的正当理由，大体涵盖目的正当、证据合理两个层面。前者指提起诉讼的目的具有正当性，如生母因未成年子女有可能获得生父的交通事故损害赔偿时才提起诉讼，目的即不正当；后者指提起诉讼须具备必要证据，一般需证明受胎期间生父与生母存在同居或发生

---

① 参见陈爱武：《亲子关系确认诉讼的类型化：案例、问题与思考——兼议〈民法典〉第 1073 条的规定》，载《法学杂志》2023 年第 1 期。

两性关系之事实。①

本案中，周某 1 提出了其生育周某 2 时的相关病案记录及其与付某某的支付宝聊天记录等证据，且无其他不正当目的，因此具备提起确认亲子关系之诉的条件。

（二）对亲子关系的认定

一般而言，进行亲子鉴定即可确认亲子关系。但是实践中，可能存在一方请求做亲子鉴定，而另一方拒绝的情形。法院无法强制拒绝一方进行亲子鉴定，但又必须对亲子关系作出认定，由此可作不利于拒绝做亲子鉴定一方的推定。根据《最高人民法院关于适用〈中华人民共和国民法典〉婚姻家庭编的解释（一）》第39 条之规定，在一方起诉请求确认或否认亲子关系，并已提供必要证据予以证明的情况下，另一方没有相反证据又拒绝做亲子鉴定的，人民法院可以认定确认或否认亲子关系一方（即拒绝做亲子鉴定一方的相对方）的主张成立。

本案中，周某 1 提出了对周某 2 与付某某进行亲子鉴定，但付某某在法庭向其征询意见并释明拒绝鉴定法律后果后，仍旧明确拒绝进行鉴定，则依据上述《最高人民法院关于适用〈中华人民共和国民法典〉婚姻家庭编的解释（一）》之规定，法院可依法判决周某 2 与付某某存在亲子关系。

三、专家建议

为保障亲子与家庭关系的稳定性，充分保障子女的合法权益，父母宜于婚姻期间生育子女。倘若出现了父亲一方不欲对亲子关系承认，进而规避对子女的抚养义务的情形，母亲一方可在收集

---

① 参见薛宁兰、谢鸿飞主编：《民法典评注：婚姻家庭编》，中国法制出版社 2020 年版，第 326－327 页。

双方同居或发生性关系等必要证据的前提下，及时向人民法院提起确认亲子关系之诉，并主动申请进行亲子鉴定，如此可争取法院推定上的主动权，实现子女被抚养利益的保障。此外，伴侣双方应彼此忠贞，如此可在维护良好爱情关系的同时，避免各自与子女亲子关系的争议。

四、关联法条

《民法典》第 1073 条；

《最高人民法院关于适用〈中华人民共和国民法典〉婚姻家庭编的解释（一）》第 39 条。

怎样在法律上否认亲子关系

繁衍是生物的本能，在此之上人类又会以各种各样的方式悉心关爱自己的子女。但这种关爱往往建立在孩子是自己"亲生血脉"的基础之上，一旦发现自己本来百般疼爱的子女非自己亲生，便可能出现倍觉失落，甚至恼羞成怒的局面。对亲子关系的质疑乃至否定，于家庭稳定与子女健康成长影响甚巨。在此基础上，如何妥善处理否认亲子关系纠纷，既考量法官兼顾国法与人情的能力，又涉及父母以及子女的合法权益保护方式，殊值探讨。

一、案情简介

（一）基本案情

李某（男）与李小某之母王某于2003年登记结婚，2007年10月4日，生一女，即本案李小某。2013年6月8日，李某与王某经法院调解离婚。在案件审理过程中，李某否认其与李小某存在亲子关系，并向法院提交了其在诉前单方采集样本并委托完成的《华医大DNA鉴定意见书》，鉴定结论排除了李某为李小某的生物学父亲的可能性。李某又向法院提交了一份单位出具的《工作情况证明》，其中载明李某于2006年12月4日至2007年2月2日期间受单位委派前往河北省唐山市常驻出差。李某以上述证据证明李小某并非为其亲生女儿。此外，李某另向法院提交了一份诉后申请的排除了李某与李小某的亲子关系的亲子鉴定。庭审中，李小某对上述鉴定意见书、证明以及咨询报告的真实性、合法性、关联性均不予认可。李某申请与李小某进行亲子关系鉴定，李小某表示拒绝。①

（二）法院裁决

一审法院认为，本案中李某提交的其原工作单位出具的《工作情况证明》仅能证明李某在证明中载明的时间段在河北唐山常驻出差，但无法证明李某和王某的夫妻生活事项。李某提交的两份亲子鉴定均为其单方委托并自行采集检材，送交程序等存在诸多疑问，对其合法性不予采信，此类证据亦不能作为本案认定事实的必要证据。因此在李某无必要证据的情形下，其要求否认其与李小某的亲子关系不存在法律和事实依据。基于此，判决驳回李某否认其与李小某之亲子关系的请求。李某不服一审判决，提起上诉。

二审法院认为，对于李某提出的其于王某受孕期间一直在外地出差，无受孕机会的主张，经查可知自 2007 年李小某出生后就未对亲子关系提出过异议，且于后续 2013 年法院调解离婚中仍然认可了李小某的婚生女身份。由此看来，李某主要是在离婚后质疑亲子关系，与其之前的态度矛盾，因此该理由缺乏事实依据。对于李某提交的亲子鉴定材料，均为其自行委托，缺乏合法程序保障，不予采信。李某提出亲子鉴定，但李小某不愿配合，基于未成年人利益最大化原则，考虑到李小某的成长状况，不予准许李某的亲子鉴定申请，基于此，判决驳回上诉，维持原判。

---

① 详可参见北京市第三中级人民法院（2021）京 03 民终 16579 号民事判决书。

二、以案说法

本案的争议焦点有二：一是李某是否可以提起否认亲子关系之诉；二是如何协调未成年人保护与亲子鉴定推定规则。

（一）提起否认亲子关系之诉需满足的条件

1. 提起确认亲子关系之诉的适格主体

根据《民法典》第 1073 条之规定，父或母可以向人民法院提起诉讼，请求否认亲子关系。与确认亲子关系之诉不同，成年子女不能作为提起否认亲子关系之诉的主体，这也是出于避免成年子女逃避法律规定的对父母赡养义务的考虑。[①]

本案中，李某作为李小某的父亲，可以作为提起否认亲子关系之诉的适格主体。

2. 提起否认亲子关系之诉的正当理由

要请求否认亲子关系，亦应涵盖必要证据和正当目的两个层面。其中，所谓必要证据，一般需提供证据证明存在下列情形之一：（1）夫妻在妻受胎期间没有同居的事实；（2）夫有生理缺陷或没有生育能力，包括时间不能、空间不能、生理不能等；（3）子女和其他人存在血缘关系。[②]

本案中，李某主要依据其妻于受胎期间没有与自己同居的事实这一必要证据而提起否认亲子关系之诉。但是，其提供的证据证明力有所不足，理由在于仅凭自己于外地出差的证据，并不能完全证明自己未与妻子发生性关系，且在李小某出生之后，对其

[①] 参见黄薇主编：《中华人民共和国民法典婚姻家庭编解读》，中国法制出版社 2020 年版，第 160–161 页。

[②] 参见最高人民法院民法典贯彻实施工作领导小组主编：《中华人民共和国民法典婚姻家庭编继承编理解与适用》，人民法院出版社 2020 年版，第 224 页。

亲生女的身份未提出质疑。基于此，李某提起否认亲子关系之诉的依据不足，无法直接据此否认其与李小某的亲子关系。

（二）亲子鉴定的适用规则

根据《最高人民法院关于适用〈中华人民共和国民法典〉婚姻家庭编的解释（一）》第 39 条之规定，在一方请求否认亲子关系，并已提供必要证据予以证明的情况下，另一方没有相反证据又拒绝做亲子鉴定的，人民法院可以认定否认亲子关系一方（即拒绝做亲子鉴定一方的相对方）的主张成立。这是出于亲子鉴定不宜强制当事人进行，又要兼顾血缘关系真实的考虑。

上述规则为亲子关系的推定规则，但该规则亦不会绝对化。人民法院在处理涉及亲子关系的案件时，除了审理查明事实外，尚需考虑家庭稳定因素，遵循未成年人利益最大化的基本原则。[①]《最高人民法院关于适用〈中华人民共和国民法典〉婚姻家庭编的解释（一）》中的表述亦是在拒绝做亲子鉴定的情形下，人民法院"可以"认定拒绝做亲子鉴定一方的相对方的主张成立，而非"应当"，这便给人民法院提供了依照上述原则而作出自由裁量的空间。

本案中，首先，李某一方面提供的必要证据证明力不足，虽然李小某拒绝做亲子鉴定，但也无法直接适用《最高人民法院关于适用〈中华人民共和国民法典〉婚姻家庭编的解释（一）》的上述推定规则；其次，基于李小某为未成年人且目前处于叛逆期的情况，更加不宜因其拒绝亲子鉴定而否认亲子关系，导致未成年人健康成长难获保障。因此，人民法院判决驳回李某否认亲子关系的诉讼请求合理合法，应予支持。

[①] 参见最高人民法院民法典贯彻实施工作领导小组主编：《中华人民共和国民法典婚姻家庭编继承编理解与适用》，人民法院出版社 2020 年版，第 225 页。

三、专家建议

父亲在基本能确定子女为自己亲生的情形下，尽量避免采取做亲子鉴定的行为，以免影响夫妻亲子关系的和睦。在确实存疑或确信不存在亲子关系的情形下，应注意提供有力证据，或在意向达成一致的基础上进行司法亲子鉴定，自行采集样本并自行委托的鉴定证明力不足，更多的意义在于供个人参考，而难以被法院采信。鉴定过程中应注意程序规范，并保存相关证据，以供诉讼顺利开展并使诉请得以支持。

四、关联法条

《民法典》第 1073 条；

《最高人民法院关于适用〈中华人民共和国民法典〉婚姻家庭编的解释（一）》第 39 条。

如何分割未婚同居财产

爱情是人类生活中永恒的主题，多少人都期待着一个能与自己"绣榻闲时，并吹红雨，雕阑曲处，同倚斜阳"的爱人。不同于古代稳定的婚姻，现代的人们更为崇尚自由恋爱。更有一部分人不愿受到婚姻的束缚，而只需在事实上与伴侣结成同居关系即告满足。但是，一旦同居关系走到了不稳定甚至破裂的局面，如何处理同居期间的财产便成为容易产生纠纷的焦点。分别在二人名下的财产应当如何析产分配，关乎双方切身利益，值得加以关注。

一、案例简介

（一）基本案情

周某（男）与刘某（女）于2003年相识后，于同年3月开始同居，未领取结婚证，后自2016年1月起不再同居。刘某名下有2008年购买、2019年报废的比亚迪牌轿车一辆，2014年购买、2018年转登记于案外人的长安牌轿车一辆，2009年购买的长安牌载货车一辆。周某于2009年购得房屋一套，2016年中以660000元的售价出卖。2015年10月28日，刘某向周某出具欠条，载明"刘某名下的三辆（京Y××某某、京G××某某、冀H××某某）归周某所有，欠款2000000元，5年内还清"。就此，周某于2019年7月将刘某起诉至北京市怀柔区人民法院，要求刘某返还前述三辆车，诉讼中变更诉讼请求为要求刘某支付车辆补偿费169000元。刘某提出反诉，要求与周某分割同居期间的财产，请求周某返还同居期间刘某应得的财产折价款400000元（根据出售房屋价款计算）。①

（二）法院裁决

一审法院基于查明的事实认为，周某与刘某自2003年3月开始同居至2016年1月，对于同居期间双方共同所得的收入和购置的房屋等财产，按一般共有财产平均分割。周某与刘某签订的欠条中涉及车辆的赠与约定合法有效，周某要求刘某赔偿三辆车相应的折价款应予支持，但数额请求过高应予调整。案涉房屋购买于二人同居期间，故其为周某与刘某的共有财产，双方均享有一半份额，房屋的出售所得应在周某与刘某之间共同分割。基于此，判决刘某给付周某车辆折价款共计60000元，周某给付刘某售房所得款330000元。刘某不服一审判决，提起上诉。

二审法院基于查明的事实认为，周某与刘某签订的涉案欠条系双方真实意思表示，应属合法有效，且该欠条不仅具有分割同居期间财产的性质，而且具有一定的补偿性质。刘某主张的双方同居期间共同取得财产超过200万元才有分割的基础等相关上诉意见不予采纳。故而驳回上诉，维持原判。

二审法院判决生效后，刘某向北京市高级人民法院申请再审。再审法院认为，一、二审法院认定事实清楚，适用法律正确，遂裁定驳回刘某的再审申请。

---

① 详可参见北京市第三中级人民法院（2022）京03民终5070号民事判决书。

二、以案说法

本案的争议焦点为：对于有未婚同居关系的双方，在结束同居之后，应当如何分配同居期间的财产。

（一）同居期间双方财产归属的认定规则

同居关系与婚姻关系在事实状态上非常接近，但在起诉同居析产的情形下，二者却有着不小的区别。对于婚姻关系存续期间，夫妻任何一方取得的财产，除《民法典》第 1063 条列举的之外，均为夫妻共有财产，二人均对共有财产享有平等的处分权。而对于同居关系存续期间，须以财产的取得方式确定产权，且共同财产未经共有人同意不得处分。《民法典》第 1054 条亦指出，非婚同居期间所得的财产，由当事人协议处理；协议不成的，由人民法院根据照顾无过错方的原则判决。由此可见，同居期间的财产归属，应结合我国《民法典》物权编中有关共有的规则，以认定归属于双方还是一方，从而为后续可能发生的析产纠纷提供依据。本案中，刘某与周某的析产问题可结合共有之规范加以调整。

（二）同居期间共同财产的认定与分割

要对同居期间双方的共有财产进行认定，需探析共有发生的原因。其原因通常有两个：其一，基于当事人的意思而发生，即共有人因具有共有的目的、意思而成立共有关系；其二，基于法律的直接规定而发生。[①] 同居关系并非婚姻关系，无法根据《民法典》中的法律规定而发生共有关系，进而一般需同居双方共同意思方可成立共有。若要对该共同财产进行分割，则需根据《民法典》第 304 条之规定，以协议分割为优先。若达不成协议且共有

---

① 参见李永军主编：《民法学教程》，中国政法大学 2021 年版，第 266 页。

财产可无损分割的，则应对实物予以分割，否则对折价或者拍卖、变卖取得的价款予以分割。

本案中，对于案涉房屋，法院基于其购买于二人同居期间，且双方当事人均未提供证据证明以个人所有财产全款购买该房屋，可推知发生了由当事人的意思而发生的共有，进而认定该房屋系周某与刘某的共有财产，双方均享有一半份额。在要对该共有房屋进行分割时，由于其已出售，转化为了房屋价款，对该价款依照双方享有份额进行分割即可。

（三）同居期间个人财产的认定与分割

对于同居期间的个人财产，事实上只需对共同财产进行排除即可认定。换言之，在没有法律直接规定的同居关系中，若无当事人共同的意思表示，则无法发生财产的共有。此外，若当事人之间对共有财产有了进一步的约定，则可进一步按照约定处理。对于个人财产也就无所谓分割与否的问题，同居结束后其仍归属于个人。

本案中，法院判决未明确指出案涉三辆车的共有与否问题，但无论共有与否均与裁判结果无碍。因为倘若认定车辆最初仅归刘某所有，则欠条的约定即为赠与合同，进而可使得周某获得车辆的所有权；倘若认定车辆最初即为刘某与周某共有，则欠条的约定即为对共有物的进一步约定，同样可使得周某获得车辆的完整所有权。因此，周某请求刘某赔偿车辆的折价款可得支持。

三、专家建议

非婚同居固然可为伴侣双方提供一个亲密而又不失自由的状态，但毕竟不会受到《民法典》那般的周全保护。同居双方在进行涉及重要财产的购置及处分等行为时，应充分注意到涉及共有关系的可能，无论是出于共有或是个人所有的目的，均应及时保留好相关材料单据，以避免日后在面临财产分割问题时出现应有利益的重大减损。此外，倘若发生了同居关系的析产纠纷，亦应及时寻求律师等相关法律专家的帮助，以充分保障自身的合法权益。

四、关联法条

《民法典》第 304 条、第 308 条、第 309 条；

《最高人民法院关于适用〈中华人民共和国民法典〉婚姻家庭编的解释（一）》第 3 条；

《最高人民法院关于适用〈中华人民共和国民事诉讼法〉的解释（2022 修正）》第 90 条。

如何承担未婚同居债务

在未婚同居的情形下，伴侣双方为共同生活或其他需求往往会进行一定的支出，有时还会形成债务。对于债权人而言，未婚同居的双方在外观上往往表现得就像是婚姻中的夫妻，可能产生同居双方会共同还债的合理信赖。与单纯的分配财产不同，对于债务的承担不仅关涉着同居伴侣二人的责任分配，同样会与同居关系外的债权人利害攸关。明确在未婚同居情形下伴侣双方的债务分担规则，对于当事人的利益保障乃至正常交易秩序的维护都具备重要的意义。

一、案情简介

（一）基本案情

杨某某（女）与刘某某（男）系同学关系，双方经自由恋爱，于2016年农历八月份订婚，后双方举行了结婚仪式并同居生活。二人未办理结婚登记手续，未生育子女。同居生活期间，杨某某怀疑刘某某不忠实，双方发生矛盾。杨某某于2020年2月23日回娘家居住，此后双方解除同居关系。

杨某某、刘某某同居生活期间，常利用微信、支付宝等形式互相转账、进行消费，并通过信用卡、手机、网络贷款平台等进行贷款用于各项支出，双方解除同居关系后，杨某某偿还

174448.32 元。双方同居生活期间无共同财产。①

（二）法院裁决

一审法院结合证据证明的相关事实认为，杨某某、刘某某同居期间无共同财产，但存在对外债务。对外债务中属于个人债务部分应由个人负担，同居期间为共同生产、生活而形成的债务，可按共同债务处理，由双方共同负担。案涉债务系以杨某某名义所负的债务，在办理信用卡及通过手机、网络贷款平台进行借款时，必然需要通过杨某某进行身份确认、进行信息验证，故杨某某对该债务的负担是明确知晓的，且二人同居期间，多次利用微信、支付宝对款项进行转账、用于消费，故该债务应系杨某某、刘某某在同居生活期间所负的共同债务，应当由二人共同偿还。据此判决：双方解除同居关系后，杨某某个人偿还的 174448.32 元中，应由刘某某负担一半，即 87224.16 元。刘某某不服一审判决，提起上诉。

二审法院认为，杨某某提供的证据能够证实自 2020 年 3 月 7 日至 2020 年 8 月 2 日期间其共计还款 174448.32 元，刘某某亦认可上述债务属于共同债务，故一审认定由双方共担并无不当。刘某某重新认定双方的共同债务的上诉请求不能成立，一审判决认定事实清楚，适用法律正确，应予维持。遂判决驳回上诉，维持原判。

二、以案说法

本案的争议焦点为：对于有未婚同居关系的双方，在结束同居之后，应当如何分配同居期间的债务。

---

① 详可参见山东省日照市中级人民法院（2021）鲁 11 民终 826 号民事判决书。

（一）共同债务的认定

对于未婚同居双方共同债务的认定问题，《最高人民法院关于人民法院审理未办结婚登记而以夫妻名义同居生活案件的若干意见》中有所提及。其第11条规定："解除非法同居关系时，同居期间为共同生产、生活而形成的债权、债务，可按共同债权、债务处理。"在《民法典》颁布以后，最高人民法院废止了一大批司法解释及相关规范性文件，上述意见亦在废止之列。事实上，随着时代的发展，"非法同居"之概念已不适应于我国社会生活实际，废止亦属应有之义。然而，对于同居期间共同债务的认定并未出台新的法律或相关文件予以明确，审判实践中，法院大多沿用上述意见的思想，认为对外债务中属于个人债务部分应由个人负担，同居期间为共同生产、生活而形成的债务，可按共同债务处理，由双方共同负担。此外，同居双方具备共同承担债务的意思，亦可由此成立共同债务。

本案中，对于案涉债务，杨某某主张该债务系刘某某个人债务，刘某某主张该债务系共同债务。法院基于该债务杨某某知晓且用于二人同居期间的消费，而认定其为共同债务，应由双方共同偿还。进一步来讲，倘若该债务的形成是出于其二人共同经营企业的目的，则同样可基于"共同生产"这一事由而认定为共同债务。

（二）共同债务的偿还

对于共同债务的偿还问题，于同居双方乃至债权人的影响亦堪称甚巨。一方面，其涉及债权人是否能够及时获得完全清偿的问题；另一方面，其又关乎同居双方债务的分担问题。对此，可参照最高人民法院公布的49起婚姻家庭纠纷典型案例之26：王某诉张某同居析产案中的裁判，对于同居双方的共同债务，双方互负连带清偿责任。也即对于同居双方的共同债务，其二人为连带债务人。

对于连带债务，依照《民法典》第 178 条、第 519 条之规定，债权人可请求任一连带债务人承担责任。连带债务人若承担债务超过自己份额，可就超出份额的范围内向其他债务人追偿。对于各连带债务人的份额，可依照当事人之间的约定、各方责任大小进行内部分担，若份额难以确定则视为份额相同。

本案中，法院基于案涉债务为杨某某与刘某某双方共同债务的认定，在杨某某已清偿全部债务 174448.32 元的前提下，认定刘某某应负担一半的份额，故应给付杨某某 87224.16 元。需要认识到的是，倘若二人尚未偿还该债务，债权人有权就任何一方提出全部份额的清偿请求，该方亦不得以连带债务人内部份额的分担为由而拒绝。

三、专家建议

债权人在与同居一方订立与其共同生活、共同生产相关的借债合同时，为更好地保障自身利益，应尽可能使其二人共同签署或同意，并保存好相关证据，以便于纠纷产生时更好地认定为共同债务；同居一方在订立个人债务时，另一方应谨慎并尽量避免代替偿还，否则可能在产生还债纠纷时，被法院认定为对个人债务的事后追认，从而基于共同承担债务的意思而承担连带责任；同居双方在感情基础良好的情形下，尽量进行结婚登记，从而获得《民法典》的规范保障，消弭因同居相关法律规范不足而造成的不确定性。

四、关联法条

《民法典》第 178 条、第 519 条；

《最高人民法院关于人民法院审理未办结婚登记而以夫妻名义同居生活案件的若干意见》第 11 条（已废止，但其精神仍可参照）。

同居结束后子女归谁抚养

伴侣双方未婚同居，兼顾陪伴与自由，但若因此诞生出"爱的结晶"——非婚生子女，却不能因伴侣的未婚状态而有碍孩子的利益保障。我国《民法典》第1071条第1款明确规定："非婚生子女享有与婚生子女同等的权利，任何组织或者个人不得加以危害和歧视。"在此情形下，若伴侣双方因感情破裂等情况结束同居，仍需依法保障其所生子女的合法权益。其中，子女的抚养权问题无论于父母的情感而言，还是于孩子的个人成长而言，其重要性都不言而喻，值得加以关注。

一、案例简介

（一）基本案情

原告陈某某（男）与被告冯某某1（女）于2008年4月2日登记结婚，于2008年9月14日生育儿子冯某某2。2014年1月10日，陈某某与冯某某1在廉江市民政局婚姻登记处办理了离婚登记手续，并签订一份《离婚协议书》，约定婚后双方生育的儿子冯某某2由陈某某抚养，冯某某1每月支付1000元抚养费，直至儿子十八周岁。冯某某1有探视权。陈某某、冯某某1离婚后仍同居生活，冯某某1于2014年7月28日借第三人刘某某的身份在玉林市博白县人民医院生育一男孩冯某，出生医学证明登记冯某的父母为第三人冯某某3和刘某某。2019年5月至今，冯某跟随冯某某1一起生活。诉讼中，原、被告均要求自行负担抚养费抚养冯某。庭审中，陈某某提出亲子鉴定申请，冯某某1庭后表示不同意进行亲子鉴定。①

（二）法院裁决

于一审中，原告陈某某诉被告冯某某1，请求判决冯某由陈某某抚养。2019年11月8日，法院作出了驳回原告陈某某的诉讼请求的判决。原告不服，向湛江市中级人民法院提起上诉。2020年3月25日，湛江市中级人民法院裁定本案发回重审，广东省廉江市人民法院重新予以立案受理。

重审中，原告陈某某增加诉讼请求：确认冯某是陈某某与冯某某1的非婚生儿子，冯某与陈某某、冯某某1存在亲子关系。法院依据经审理查明的事实认为，陈某某申请与冯某进行亲子鉴定，冯某某1予以拒绝，由此推定请求确认亲子关系一方的主张成立，即确认冯某是陈某某、冯某某1所生育的儿子。由于冯某出生在原、被告离婚后同居期间，故其属于原、被告的非婚生育儿子。对于冯某的抚养问题，其为非婚生子女，考虑到冯某自2019年5月起跟随冯某某1一起生活至今，认为冯某应由冯某某1抚养为宜。故判决：一、确认冯某是原告陈某某与被告冯某某1的非婚生儿子，冯某与原告陈某某、被告冯某某1存在亲子关系；二、驳回原告陈某某的其他诉讼请求。

二、以案说法

本案的争议焦点为：冯某与原、被告存在亲子关系，原告陈某某请求抚养冯某的诉讼请求能否得到支持。

根据《民法典》第1084条第1款之规定，父母与子女之间的关系，不会因父母的离婚或同居关系结束而消除，子女无论由哪

---

① 详可参见广东省廉江市人民法院（2020）粤0881民初1615号民事判决书。

一方直接抚养，仍是父母双方的子女。对于具体的抚养规则，可分如下情形讨论。

（一）子女未满两周岁

在子女未满两周岁的情形下，根据《民法典》第1084条第3款之规定，以由母亲直接抚养为原则。但依据《最高人民法院关于适用〈中华人民共和国民法典〉婚姻家庭编的解释（一）》第44条，又有如下例外情形：（1）母亲患有久治不愈的传染性疾病或其他严重疾病；（2）有抚养条件而不尽抚养义务；（3）其他子女不宜随母亲生活的情况。在例外情形中，未满两周岁的子女可判由父亲直接抚养。此外，依据《最高人民法院关于适用〈中华人民共和国民法典〉婚姻家庭编的解释（一）》第45条，父母双方对子女抚养达成协议的，亦可由父亲直接抚养。

（二）子女已满两周岁，未满八周岁

在子女已满两周岁，未满八周岁的情形下，根据《民法典》第1084条第3款之规定，父母双方对抚养问题协议不成，人民法院应按最有利于未成年子女的原则判决。同时，《最高人民法院关于适用〈中华人民共和国民法典〉婚姻家庭编的解释（一）》第46条又对此作了特殊规定，在一方有下列情形之一的，可优先考虑由其直接抚养未成年子女：（1）已做绝育手术或者因其他原因丧失生育能力；（2）子女随其生活时间较长，改变生活环境对子女健康成长明显不利；（3）无其他子女，而另一方有其他子女；（4）子女随其生活，对子女成长有利，而另一方患有久治不愈的传染性疾病或者其他严重疾病，或者有其他不利于子女身心健康的情形，不宜与子女共同生活。此外，依据《最高人民法院关于适用〈中华人民共和国民法典〉婚姻家庭编的解释（一）》第47条，父母条件基本相同，若祖父母或外祖父母与子女共同生活多年且有能力帮忙照顾，亦可优先考虑由父或母抚养。

以上是由父母单方直接抚养子女的情形，但依照《最高人民法院关于适用〈中华人民共和国民法典〉婚姻家庭编的解释（一）》第48条，若父母双方协议轮流直接抚养子女，且对子女有利，人民法院亦可予以支持。

（三）子女已满八周岁

在子女已满八周岁的情形下，根据《民法典》第1084条第3款之规定，除了前述"子女已满两周岁，未满八周岁"情形中所述优先考虑条件外，另需考虑尊重子女的真实意愿，以确定其最终直接抚养权的归属。

本案中，案涉子女冯某于2014年7月28日出生，至诉讼之日2020年处于已满两周岁、未满八周岁的状态。本案被告冯某某1是某医院的院长，每月有固定的工资收入，亦有可供居住的房屋，具备较为充分的抚养子女条件。不仅如此，冯某自2019年5月起跟随冯某某1一起生活，时间较长［涉及优先考虑的条件（2）］，且陈某某与冯某某1生育的另一个儿子冯某某2已由陈某某抚养［涉及优先考虑的条件（3）］，因此人民法院参照当时生效的《最高人民法院关于人民法院审理离婚案件处理子女抚养问题的若干具体意见》第3条之规定，判决冯某由被告冯某某1抚养。

三、专家建议

同居双方若结束同居关系，涉及子女抚养问题时，应尽量达成抚养协议并保留证据，以兼顾避免纠纷与保障孩子健康成长。倘若无法达成协议又渴望直接抚养子女，则需在日常生活中多注意培养联络与子女的感情，多与子女共同生活，如有条件可与父母一起善待子女。此外，应在生活中努力工作、追求进步，为自己争取更优的经济条件，以为子女创造更为有利的成长条件。最后，养成良好的生活习惯、加强体育锻炼，打造自己健康身体的同时，也可避免因疾病等原因难以抚养子女。

四、关联法条

《民法典》第 1071 条、第 1084 条；

《最高人民法院关于适用〈中华人民共和国民法典〉婚姻家庭编的解释（一）》第 44 条、第 45 条、第 46 条、第 47 条、第 48 条。

同居结束后子女被抚养利益如何保障

　　伴侣结束同居关系，对于双方而言可能是重获感情上的自由，但对于其二人生育的孩子而言，却往往意味着失去了和谐完整的家庭。曾经的伴侣不再维持以往的亲密关系，而子女仍需要父母的呵护与关怀，也需要足够的经济条件支撑其健康成长。就此意义而言，明确同居关系结束后子女应当被父或母哪一方抚养，以及子女应当获得何种未直接抚养一方的经济支持，均与其被抚养利益的保障息息相关，进一步亦可彰显国家对未成年人的关怀与照顾的文明水平，殊值探讨。

一、案例简介

（一）基本案情

　　原告郑某1（女）、被告陈某某（男）于2018年确定恋爱关系并同居，后共同生育男孩郑某。郑某因患病于2020年11月13日至2020年11月21日在重庆医科大学附属儿童医院住院治疗9天，于2020年12月16日至2020年12月25日在重庆医科大学附属儿童医院住院治疗9天，于2020年12月30日至2021年1月3日在六盘水妇幼保健院住院治疗5天。根据原告提供的医院出具的发票，共计产生医疗费22209.40元。被告在某电力公司上班，每月收入在6500—10000元。原、被告于2019年11月分居，分居后郑某跟随原告生活。①

（二）法院裁决

本案一审中，原告郑某1诉被告陈某某，请求其与被告共同生育的子女郑某由自己抚养，并请求人民法院判令被告陈某某每月支付郑某生活费3000元，直至郑某能独立生活为止。一审法院认为，基于原、被告于2019年11月分居，分居后郑某即跟随母亲郑某1生活，且其年纪尚幼，为有利于孩子的身心健康成长，郑某应由母亲郑某1抚养。又结合父亲陈某某每月收入在6500—10000元，故被告陈某某应每月支付抚养费1500元。判决：原、被告双方所生孩子郑某由原告郑某1抚养，被告陈某某每月支付抚养费1500元，从2021年6月起至孩子年满十八周岁止。原、被告均不服一审判决，提起上诉。

本案二审中，原告郑某1上诉请求撤销一审判决，改判由陈某某每月支付郑某生活费3000元，直至郑某能独立生活为止，被告陈某某亦上诉请求改判郑某由陈某某抚养，不需要郑某1支付抚养费或发回重审。二审法院认为，依照《民法典》第1071条及第1084条之规定，非婚生子女享有与婚生子女同等的权利，且离婚后，不满两周岁的子女，以由母亲直接抚养为原则。由于郑某尚未满两周岁，故一审判决郑某由郑某1抚养并无不当。对于抚养费的问题，双方当事人在本案中均未提供充分证据证实陈某某有固定收入，只是陈某某在一审询问中陈述其收入在6500—10000元。依照《最高人民法院关于适用〈中华人民共和国民法典〉婚姻家庭编的解释（一）》第49条之规定，抚养费的数额可根据子女的实际需要、父母双方的负担能力和当地的实际生活水

---

① 详可参见贵州省六盘水市中级人民法院（2021）黔02民终2451号民事判决书。

平确定。有收入的，抚养费一般可以按月总收入的 20%—30% 的比例给付。基于此，一审判决陈某某每月支付抚养费 1500 元并无不当。此外，对于郑某 1 要求付至郑某能独立生活为止的上诉主张，依照《最高人民法院关于适用〈中华人民共和国民法典〉婚姻家庭编的解释（一）》第 53 条之规定，一审判决付至郑某年满十八周岁止亦无不当。综上，一审判决认定事实清楚，适用法律正确，判决驳回上诉，维持原判。

二、以案说法

本案的争议焦点有二：其一，孩子郑某应由父母哪一方直接抚养；其二，未直接抚养孩子一方应当如何支付抚养费。

（一）同居关系结束时，孩子应当由何方直接抚养

根据《民法典》第 1071 条第 1 款之规定，非婚生子女享有与婚生子女同等的权利，任何组织或者个人不得加以危害和歧视。由此可知，同居关系结束时，子女的抚养规则与离婚情形下应大体一致。又根据《民法典》第 1084 条第 3 款之规定，离婚后，不满两周岁的子女，以由母亲直接抚养为原则。已满两周岁的子女，父母双方对抚养问题协议不成的，由人民法院根据双方的具体情况，按照最有利于未成年子女的原则判决。子女已满八周岁的，应当尊重其真实意愿。同居结束情形下的子女抚养亦应参照该规定予以裁判。

本案中，自原、被告分居后孩子郑某即跟随原告郑某 1 生活，且郑某尚未满两周岁，故一审、二审法院均判决郑某由郑某 1 抚养，合乎法律规定。

（二）未直接抚养孩子一方应当如何支付抚养费

根据《民法典》第 1071 条第 2 款之规定，不直接抚养非婚生

子女的生父或者生母，应当负担未成年子女或者不能独立生活的成年子女的抚养费。该条只一般性地规定了子女应受抚养费保障，但并未明确未直接抚养孩子一方应当如何支付抚养费，对此问题在《最高人民法院关于适用〈中华人民共和国民法典〉婚姻家庭编的解释（一）》中有进一步说明。

对于支付抚养费的额度，《最高人民法院关于适用〈中华人民共和国民法典〉婚姻家庭编的解释（一）》第49条原则性地规定了可根据子女的实际需要、父母双方的负担能力和当地实际生活水平确定。此外，又分为如下几种情况：（1）有固定收入。抚养费一般按月总收入的20%—30%支付，若负担两个以上子女的抚养费，该标准可适当提高，但一般不得超过月总收入的50%。（2）无固定收入。抚养费按当年总收入或同行业平均收入，参照上述比例确定。（3）特殊情形下，可适当提高或降低上述比例。

对于支付抚养费的期限，《最高人民法院关于适用〈中华人民共和国民法典〉婚姻家庭编的解释（一）》第50条规定，抚养费可采取定期或一次性的方式给付；第53条规定，抚养费给付一般至子女十八周岁为止，若子女十六周岁以上未满十八周岁，但以其劳动收入为主要生活来源，并能维持当地一般生活水平的，亦可停止支付抚养费。

本案中，基于陈某某月收入在6500—10000元，按20%的水平则为1300—2000元，1500元在符合条件的范围之内。本案亦无其他特殊情况，因此二审维持一审中陈某某每月支付1500元抚养费至郑某满十八周岁，应予肯定。

三、专家建议

同居关系结束后，若要为争取孩子的直接抚养权获得更大的可能性，应注意多与孩子保持亲密的关系，争取更长的共同生活时间，以便得到法院的支持。若要为保障孩子顺利成长，希望未直接抚养方给付合理的抚养费，则应注意保存对方收入的相关证据，以作为法院计算最终抚养费的基数依据。但以上均为不得已之法，最好的措施仍旧是待伴侣双方感情稳定再步入婚姻，而后孕育子女，如此方能从根本上保障子女利益，亦对父母子女各方的幸福生活有所助益。

四、关联法条

《民法典》第 1071 条、第 1084 条；

《最高人民法院关于适用〈中华人民共和国民法典〉婚姻家庭编的解释（一）》第 49 条、第 50 条、第 53 条。

多子女情形下如何履行赡养费给付义务

成年子女赡养父母既是社会道德上的要求，又是法律上的要求。履行赡养父母义务的方式是多样的，包括但不限于照顾父母的饮食起居，负责父母的衣食住行，给付赡养费等。对于具有较多成年子女的父母来说，往往是由某一个子女或几个子女提供衣食住行上的照顾、其他子女给付赡养费。在现实中就出现了这样一种情形：有的子女主张自己履行照顾父母的义务，想要通过这种方式来避免给付赡养费的义务，那么此时，法院应当支持该成年子女的主张吗？

一、案例简介

（一）基本案情

侯某（女）与鞠某某（男）（已去世）系夫妻关系，二人婚后共生育子女六人，分别为鞠某1、鞠某2、鞠某某1、鞠某某2（已去世）、鞠某3、鞠某某3。侯某现因年岁已高，长期卧床，需要专人照顾，其自2018年12月底至今一直由大女儿鞠某某1照顾。侯某向一审法院起诉请求：（1）判令鞠某1、鞠某3、鞠某2分别支付2018年至2022年赡养费4886元／年，并自2023年起至侯某去世之日止每人每年支付赡养费4886元；（2）判令鞠某1、鞠某3、鞠某2依法分别支付自2018年开始至2022年护理费7844元／年，并自2023年起至侯某去世之日止每人每年支付护理费 7844 元。鞠某 1、鞠某 2 辩称，2020 年，侯某子女约定侯某手里的钱都给鞠某某 1，再由鞠某某 1 照顾母亲两年，一直照顾到 2022 年 12 月底，2023 年之后再由鞠某 1、鞠某 2 将母亲接走继续照顾，不需要他人支付赡养费或是由鞠某某 1 继续照顾母亲，母亲的各种补助均给鞠某某 1，除此之外，其他人员每年每人支付赡养费 2000 元至 3000 元。①

（二）法院裁决

一审法院认为，本案中，侯某已九旬高龄，依法属于需要赡养的老年人，其明确表示愿意继续由大女儿照顾，系其真实意思表示，应当尊重老人的意见。鞠某 1、鞠某 3、鞠某 2 均认可自 2018 年年底鞠某某 1 开始照顾侯某至今，其三人均未支付赡养费亦未照顾侯某，因此，侯某有权向鞠某 1、鞠某 3、鞠某 2 主张赡养费。最后酌定 2018 年 12 月底至 2022 年 12 月底共计 4 年的赡养费及护理费由鞠某 1、鞠某 3、鞠某 2 每人每年负担 2500 元；自 2023 年 1 月起，鞠某 1、鞠某 3、鞠某 2 每人每年支付侯某赡养费、护理费共计 3500 元。鞠某 1、鞠某 2 不服一审判决，提起上诉。

二审法院认为，鞠某 1、鞠某 2 虽认可其应当履行赡养义务，并主张轮流赡养侯某，但现有证据表明侯某的子女对轮流赡养侯某的时间、方式并未达成一致，且侯某在一、二审中均明确表示鞠某某 1 及鞠某某 1 的子女对其照顾很好，其愿意住在鞠某某 1 家中，鞠某 1、鞠某 2 作为侯某的儿子，理应尊重其意愿。鞠某 1、鞠某 2 主张其与其他兄弟姊妹于 2020 年就侯某赡养一事达成协议，但侯某不予认可，且鞠某 1、鞠某 2 并未提供证据证实。因

---

① 详可参见山东省威海市中级人民法院（2023）鲁 10 民终 1283 号民事判决书。

此维持原判。

二、以案说法

本案的争议焦点主要为：鞠某1、鞠某2是否应支付侯某赡养费、护理费及数额应当是多少。

（一）多子女情形下的赡养费给付义务

广义的赡养义务，包括经济上的供养义务、生活上的照料义务和精神上的慰藉义务。对于单子女家庭来说，赡养义务当然由单子女承担。但是对于多子女家庭来说，赡养父母的义务往往由多子女进行分担。在现实中往往采取部分子女照顾父母生活，部分子女支付赡养费的方式来进行，这是一种比较公平的分担方式。但是以上的责任分配是建立在赡养人与被赡养人、赡养人内部同时达成合意的基础上才可以实现的。因为，除经济上的供养义务外，生活上的照料义务和精神上的慰藉义务具有非常强的人身属性，即要充分尊重被赡养人的意愿。赡养制度的建立就是为了使父母步入老年阶段后仍然老有所依，能够维持基本生活需要和生活质量。这既是建设每一个和谐家庭的需要，又是建设中华民族传统孝文化的需要。也就是说，对于具有极强人身性的那些赡养义务来说，其履行并不完全取决于赡养人的意思，还要充分考虑被赡养人本人的意愿与意思。通过贯彻被赡养人的意思自治，能够使被赡养人的利益最大化。

本案中鞠某1、鞠某2辩称，兄弟姐妹约定2023年之后由鞠某1、鞠某2将母亲接走继续照顾，不需要他人支付赡养费，因此其二人在未来主要承担生活上的照料义务而不需要再同时承担给付赡养费的义务。但是经过法庭询问，侯某想要由大女儿鞠某某1继续照料，并不认可由其他子女照料自己。如上文所述，赡养义务的承担要尊重被赡养人的意见，根据被赡养人的意思来安排赡养义务的承担。一审法院认为侯某明确表示愿意继续由大女儿照顾，系其真实意思表示，应当尊重老人的意见，由此判令鞠某1、鞠某2继续承担赡养费义务。对此应予肯定。

（二）赡养费的诉讼时效问题

在本案中，侯某于2023年起诉主张鞠某1、鞠某3、鞠某2承担从2018年开始计算的赡养费和护理费。而我国适用的是三年诉讼时效的制度，那么这里是否会由于起诉之日已经超过三年而导致鞠某1等人获得诉讼时效抗辩的权利，导致侯某无法向鞠某1等人主张赡养费呢？答案是否定的。因为根据《民法典》第196条的规定，请求支付抚养费、赡养费或扶养费不适用诉讼时效的有关规定。之所以这样规定是为了维护家庭伦理关系，且关系人的生存，对此等权利进行限制会违反公序良俗，由此不应当将诉讼时效制度适用于赡养费问题。① 因此，在本案中，侯某的请求权不受诉讼时效的限制，鞠某1等人不会因此产生时效抗辩的权利，其必须履行法院所判定的给付赡养费的义务。

三、专家建议

对于多子女的家庭，如果子女之间对于如何履行赡养义务有约定的话，该约定应该得到被赡养人的认可。尤其是对于生活上的照料义务，由于其具有极强的人身属性，义务承担应当尊重被赡养人的意愿并以被赡养人利益最大化为目的。与此同时，支付赡养费的请求权不受三年诉讼时效制度的限制。因此被赡养人可以主张三年以前的赡养费给付，不用担心对方当事人提出诉讼时

---

① 参见陈甦主编：《民法总则评注（下册）》，法律出版社2017年版。

效抗辩而导致自己的权利无法得到主张。归根到底，"百善孝为先"，赡养父母是每一个子女应当主动履行的义务。

四、关联法条

《民法典》第 188 条、第 196 条、第 1067 条。

离婚时自愿放弃的抚养费能再要回来吗

所谓抚养费，是指父母离婚后不直接抚养子女的一方应负担的部分或全部的子女的生活费、教育费和医疗费等费用。保障孩子能够健康成长是每一位父母应负的义务，且这种义务不会因为离婚而消除，给付抚养费则是这种义务的重要组成部分。在现实中，夫妻双方可能在离婚时约定好了抚养费数目，也可能有一方在离婚时放弃抚养费，在之后却发现抚养费数目并不能够维持孩子的正常需要，或者后悔在离婚时放弃抚养费。此时，直接抚养子女的一方还能够请求另一方给付抚养费吗？

一、案例简介

（一）基本案情

2018 年，罗某 1（男）和卢某（女）诉讼离婚。在离婚诉讼中，卢某当庭表示两人的女儿罗某 2 由其携带抚养，无须罗某 1 支付抚养费。离婚判决后，罗某 1 未给付抚养费于罗某 2。后罗某 2 作为原告、卢某作为罗某 2 的法定代理人，向法院起诉请求：1. 罗某 1 向罗某 2 支付 2019 年 12 月至 2022 年 4 月 30 日期间的抚养费，按每月 2500 元的标准计算；2. 罗某 1 向罗某 2 支付 2022 年 5 月 1 日起至罗某 2 年满 18 周岁止的抚养费，抚养费按照每月 2500 元的标准支付。被告罗某 1 不同意原告卢某的诉讼请求，辩称卢某在离婚诉讼时放弃主张抚养费，并非罗某 1 主观恶意拒不支付抚养费。且罗某1在离婚后已与他人结婚组建家庭并生育一小孩，现任妻子在家全职照顾小孩，没有能力负担额外的抚养费，请求法院予以驳回。①

（二）法院裁决

一审法院本着未成年人利益最大化的原则处理本案，充分考虑子女个体情况的变化和合理需求，结合罗某1的实际收入情况及广州市一般经济生活水平，酌定罗某1从判决生效之月起按1500元/月的标准向罗某2支付抚养费，至罗某2年满18周岁止；驳回罗某2其他诉讼请求。罗某2不服一审判决，提起上诉。

二审法院认为，抚养费具有保障被抚养子女正常生活和成长的属性，关涉子女的合法权益，故此即使卢某与罗某1在离婚诉讼法庭上自愿表示放弃罗某1给付抚养费，也不影响罗某2在必要时向罗某1提出合理的抚养费要求。一审法院作出的裁决于法不悖，且该项自由裁量权的行使尚属于合理范畴。故维持原判。

二、以案说法

结合一审和二审判决，本案的争议焦点有两个：一是双方当事人在离婚诉讼时已经约定好放弃抚养费，后又反悔时能否再主张给付抚养费；二是应当支付抚养费的一方因为再婚等原因导致负担能力下降，能否降低抚养费标准。

（一）离婚时约定放弃抚养费，后又反悔时是否能够再主张给付

抚养费协议在原则上属于双方所确立的一种债之关系，因此其具有债的相对性——在双方当事人之间产生法律效果，而不得

---

① 详可参见广东省广州市中级人民法院（2023）粤01民终11929号判决书。

对该关系以外的第三人产生法律效果。因此，我们首先需要确定抚养费协议的双方当事人是谁，即究竟这是一个父母双方的协议，还是子女与承担给付抚养费一方当事人的协议。

目前，学界对于抚养费协议的法律性质有两种不同看法。第一种观点是"代理关系说"。这种观点认为，抚养费协议是由直接抚养子女的父母一方作为子女的代理人，与不直接抚养子女的一方订立的协议。由此，作为抚养费协议的当事人，子女原则上不得提出超过抚养费条款原定数额的抚养费要求。根据这种观点，在本案中，卢某在离婚协议中放弃要求对方抚养费，实际上就是免除了罗某1给付抚养费的义务，所以就不应当在事后继续向罗某1主张给付抚养费。这种观点导致两个问题：首先，这与《民法典》第1085条的实体法规范相违背，该条文规定抚养费协议不妨碍子女在必要时向父母任何一方提出超过协议或者判决原定数额的合理要求。其次，抚养费协议订立时可能具有不可预见性，约定的数目可能完全不符合未成年子女的利益，这与婚姻家庭法"保护未成年人的权益"的基本原则背道而驰。

另一种观点是"内部约定说"。这种观点认为，抚养费协议只是父母内部抚养费分摊的决定，不会影响子女的抚养请求权。[①]也就是说，按照这种观点，子女仍然可以以自己的名义请求父母双方给付超过约定数额的抚养费。

相较而言，"内部约定说"的观点有力地支持了《民法典》的有关规定，也能够较为有效地保护未成年子女的利益，因此应当采用。《最高人民法院关于适用〈中华人民共和国民法典〉婚姻家庭编的解释（一）》第52条也规定：当直接抚养方的抚养能力明

[①] 参见薛宁兰等主编：《民法典评注·婚姻家庭编》，中国法制出版社2020年版，第336–339页。

显不能保障子女所需费用，影响子女健康成长的，人民法院不支持双方已经签订的免除抚养费协议。

（二）支付抚养费的一方负担能力下降是否可以降低抚养费数目

本案中罗某1以负债累累、再婚等理由请求法院免除给付抚养费的义务。在司法实践中，不少法院是支持当事人给付抚养费数目的减少的，但需要当事人提供证据证明自己负担能力的降低。因此，支付抚养费的一方负担能力下降有可能导致抚养费数目的降低，但是需要自己举证证明自己负担能力的下降导致不足以承担原数额的抚养费。单纯的负担能力下降是不足以导致抚养费数额的降低的。需要注意的是，在承担给付抚养费义务的一方恢复其负担能力之后，子女仍然有权请求恢复至原定的抚养费数目，甚至要求增加抚养费。

三、专家建议

离婚诉讼时，签订抚养费协议要充分考虑子女的实际需要、父母双方的负担能力和当地的实际生活水平等因素。与此同时，在后期发现抚养费数目不足以满足子女需求也无须惊慌。承担抚养费是父母的法定义务，只要子女有正当理由，子女是可以以自己的名义请求增加抚养费的。特别需要说明的是，如果给付抚养费的一方要求降低抚养费数额的，需要自己保存并提供证据证明自己负担能力的下降导致不足以承担原数额的抚养费。

四、关联法条

《民法典》第1085条；

《最高人民法院关于适用〈中华人民共和国民法典〉婚姻家庭编的解释（一）》第42条、第49条、第52条、第58条。

是否可以主动放弃直接抚养关系

婚姻存续期间，子女通常是由父母共同抚养。而夫妻离婚经常会导致子女抚养关系的变更，也就是从双方共同抚养变更为一方直接抚养。但是在直接抚养方确定之后，直接抚养关系仍然有可能发生变化，原因包括直接抚养方的客观情况发生变化导致其不能再抚养子女，或者其主观上不愿意继续抚养子女两种。客观情况导致直接抚养方无法承担抚养义务易于判断，但是，如果直接抚养方没有抚养能力的变化，而只是主观上不愿意再作为直接抚养者，此时能否请求法院变更自己和子女之间的直接抚养关系呢？

一、案例简介

（一）基本案情

李某1（男）与高某（女）原系夫妻关系，婚后育有一女李某2（2014年5月24日出生）。后因感情不和，双方于2015年10月16日经长春市绿园区人民法院调解离婚，约定婚生女李某2由男方李某1自行抚养。离婚后，李某1声称，女儿李某2坚决要求与高某生活，同时由于自己从事个体修车行业，经济收入不好，也不稳定，而收入稳定的前妻高某也不给付抚养费给李某2。因此请求李某2由高某直接抚养，由自己缴纳抚养费。如果高某坚持拒绝抚养李某2，高某每月必须支付抚养费、教育费5000元。高某辩称其已再婚再育，且老公没有正式工作，不利于抚养李某2。经一审法院释明，双方均表示就是否变更抚养关系无须征询李某2个人意见，由法院依据所查明的事实依法裁判。①

（二）法院裁决

一审法院认为，李某1与高某在离婚时经法院调解及私下达成的协议均应系双方真实意思表示，合法有效，对双方具有约束力。调解书及协议约定了婚生女李某2由李某1抚养，现李某1诉至一审法院要求变更抚养关系但并未提交充足证据证明其具有需要变更抚养关系的正当理由。李某2由李某1抚养多年，改变生活环境不利于其健康成长，且高某现已怀孕数月，客观上也不具备抚养李某2的能力。故一审法院对李某1要求变更抚养关系的诉讼请求不予支持。李某1不服一审判决，提起上诉。

二审法院认为，李某1与高某离婚时关于抚养问题曾达成调解协议，该协议合法有效，双方均应遵守。高某现已重组家庭并育有一子，其辩称缺乏直接抚养李某2的条件，较为符合客观实际。李某2自幼由李某1抚养，已经建立了熟悉而稳定的生活环境，形成了较为固定的生活习惯，维持其现有生活的稳定性和连续性对其健康成长较为有利。李某1主张其经济收入不稳定，但未提交其抚养能力较离婚时发生明显重大变化，致使其不宜直接抚养李某2的证据。因此驳回李某1的上诉，维持原判。

二、以案说法

结合本案的一审判决和二审判决，本案的争议焦点为：李某1主张变更李某2抚养权依据是否充分。该焦点可以继续细分为两

---

① 详可参见吉林省长春市中级人民法院（2022）吉01民终7472号民事判决书。

个问题：第一个问题是直接抚养子女的一方是否可以仅凭主观上的不愿意而诉请变更抚养关系；第二个问题是未成年子女对于抚养关系的态度是否能够影响抚养关系的变更。

（一）主观不愿是否能够变更直接抚养关系

本案中李某1作为李某2的直接抚养人，不断强调女儿李某2愿意和母亲居住、强调以自己的经济状况直接抚养李某2很困难、强调前妻高某的经济状况稳定，来请求法院变更自己与女儿的直接抚养关系。那么其理由是否满足变更抚养关系的标准呢？在实践中，变更抚养关系标准要从是否最有利于未成年子女利益的角度进行把握，主要可分为客观不能与主观不愿。所谓客观不能，是指直接抚养子女的一方不具备抚养子女的抚养能力，体现在司法解释中即因为疾病或伤残导致无力继续抚养子女。在本案中，李某1只是强调自己经济不稳定，抚养女儿困难，但未提交其抚养能力较离婚时发生明显重大变化，致使其不宜直接抚养李某2的证据，无法证明自己无抚养能力。

因此，李某1虽然在名义上主张自己客观上不具备抚养能力，但实质上是自己主观上不愿意再继续抚养李某2。而李某1的主观不愿是消极的，他仍然履行了自己作为直接抚养方的义务，没有虐待子女，对子女的身心健康没有什么不利影响，这不构成其变动抚养关系的正当理由。当然，如果李某1通过不履行抚养义务或者虐待等方式积极侵害李某2的利益，最终也许会得到变更直接抚养关系的后果，但是自己也会受到法律的惩罚，也不利于李某2的健康成长。与此同时，李某2自幼由李某1抚养，已经建立了熟悉而稳定的生活环境，形成了较为固定的生活习惯，维持其现有生活的稳定性和连续性对其健康成长较为有利。一审法院不支持其诉讼请求，并无不妥。

（二）未成年子女的态度是否能够影响抚养关系的变动

在本案中，李某2不断主张与高某共同生活，说和李某1沟通很差，不愿意与其交流，那么李某2的态度能够影响抚养关系的变动吗？根据《最高人民法院关于适用〈中华人民共和国民法典〉婚姻家庭编的解释（一）》第56条第3款的规定，已满八周岁的子女，愿随另一方生活，该方又有抚养能力，人民法院应当予以支持。本案中李某2已满八岁，因此关键是需要证明，李某2坚持与母亲高某生活的意思表示是否真实以及高某是否具有抚养能力。虽然本案中李某2坚持与母亲高某生活，但是作为未成年人，其真实意思容易受到其父母的威逼利诱，因此法院有必要探求李某2的真实意思，是否有可能是在李某1的威逼下作出选择，或者只是一种单纯的情感倾向，来表示对李某1的不满。另外，母亲高某再婚并育有一子，缺乏直接抚养能力。法院以此为考量作出驳回上诉的判决，实属合理。

三、专家建议

夫妻离婚后，双方对子女的抚养教育义务并不随着婚姻关系的解除而终止。相反，父母应当在能力范围内对子女尽到更多的关爱和照顾。作为直接抚养方，只有在客观不具备直接抚养能力或者在尊重孩子意愿的前提下才可能进行抚养关系的有效变更，主观上不愿意继续抚养孩子不足以构成变更抚养关系的有效理由，须知抚养孩子是每一位父母应尽的义务。与此同时，根据孩子的意愿变更抚养关系时要探求孩子的真实意思，并保证自己具有足够的抚养能力。最后，直接抚养关系的变动会极大地影响孩子的固定生活状态，因此需要特别慎重。

四、关联法条

《最高人民法院关于适用〈中华人民共和国民法典〉婚姻家庭编的解释（一）》第 56 条。

可否因负担过重而不给付扶养费

婚姻关系是夫妻双方以共同生活为目的的结合，双方在婚姻共同体中共同面对生活中的风风雨雨，因此，夫妻双方具有彼此扶养的法定义务。在现实中，由于双方感情破裂可能会导致一方不再履行自己应尽的扶养义务，此时根据《民法典》的规定，不履行扶养义务的一方应当给付扶养费。但是，应当给付扶养费的一方往往会以自身生活负担过重为理由拒绝给付扶养费，这往往会导致需要扶养费的一方得不到自己急切需要的救济，严重影响自己的生活。这个时候需要扶养费的一方应当如何救济自己呢？

一、案例简介

（一）基本案情

王某1和徐某系再婚夫妻。再婚前，王某1有一子王某2。徐某退休后每月有固定退休金收入6104元。王某1为农民，所属集体经济组织每年会向其发放一定费用，每月平均收入1030元左右。双方收入由双方各自支配。2018年4月18日，王某1被诊断出患有严重心脏病，便遵医嘱进行治疗。2021年6月，徐某被诊断出癌症，决定将自己的退休金全部用于自己的医疗生活所需。同年8月，王某1突发急性脑梗死，同时被诊断为精神障碍，后被法院宣布为无民事行为能力人，由王某2作为其监护人。经查明，自2018年8月14日后，徐某未为王某1支付任何医疗费用，该费用全部由王某 2 支付。由此，王某 2 请求法院判令徐某支付王某 1 自 2018 年 4 月 18 日至 2022 年 10 月 31 日期间的医疗费及护理费共计 52822.54 元。徐某辩称，首先，由于其身患疾病，长期需要人照料，已无能力承担王某 1 的扶养费。其次，王某 2 对王某 1 有法定的赡养义务，他应该负担王某 1 的各项费用。最后，王某 1 每月收入超过 1000 元，其需要扶助的费用应该扣除其本人的所有收入。[①]

（二）法院判决

一审法院认为，王某 1 已被认定为无民事行为能力人，已丧失劳动能力，但因病仍需不定期就医治疗，且其收入微薄，生活就医较为困难。徐某有稳定退休金收入，具有相应的扶养能力。因此，徐某不能在王某 1 身体状况变差、需要更多扶助等情况下，反而停止为王某 1 支付医疗费。同时，子女赡养与夫妻扶养属于不同法律关系，徐某关于王某 1 已产生的医疗费系其子女履行的法定赡养义务，故不同意支付医疗费等费用的抗辩意见，法院不予认可。综上，考虑到王某 1 自己仍有少量收入，法院酌定徐某需支付王某 1 自 2018 年 4 月 18 日至 2022 年 10 月 31 日期间的医疗费、护理费共计 46000 元。徐某不服一审判决，提起上诉。

二审法院认为，夫妻一方因故陷入凭自己现在的能力、财力无法满足其正常生活的实际需要时，有条件或有能力的一方必须负担起扶养对方的义务。夫妻间的扶养义务与子女对父母的赡养义务属于不同的法律关系，亦不可按份承担。因此驳回上诉，维持原判。

[①] 详可参见北京市第一中级人民法院（2023）京 01 民终 3485 号民事判决书。

二、以案说法

本案的争议焦点总结起来有两个：第一个是扶养义务人生活负担过重是否能够减少或者免除扶养费用的给付；第二个是子女的赡养义务是否能够代替夫妻之间的扶养义务。

（一）负担过重能否抗辩给付扶养费义务

根据《民法典》第 1059 条的规定，扶养费请求权的构成要件至少包括：扶养权利人有扶养需求和扶养义务人不履行扶养义务。首先，扶养权利人有扶养需求指的并不是扶养权利人必须缺乏劳动能力才能够主张扶养费，而是应当以保持生活作为请求的依据。夫妻，作为一个家庭的核心关系，他们之间的义务是一种"生活保持义务"，维持对方生活即在保持自己生活。一般认为，这种义务是高于"生活扶持义务"，也就是所谓的一方有扶养余力才应当承担的外部生活扶助。因此，在本案中，徐某以王某 1 每月有低薄收入为由拒绝给付扶养费，这是站不住脚的。只要夫妻一方生活水平明显低于另一方，另一方便需进行扶养义务的履行或扶养费的给付。其次，本案中徐某没有给付医疗费，任由王某 1 自生自灭，已经构成了扶养义务人不履行扶养义务这个构成要件。按照《民法典》，徐某应当履行给付扶养费义务。

但是，现行法并没有考虑扶养人扶养能力的问题，而这也是目前大部分扶养费纠纷所产生的原因。扶养义务人有必要降低自己生活水平，即使"最后一粒米"也要分食之吗？答案是肯定的。如上文所言，扶养义务以"生活保持义务"为标准，这就意味着两个人的生活水平应当保持一致，无论义务人是否富裕，都必须尽其所能甚至降低自己的生活水平，以履行扶养对方的义务。自身负担过重也许可以减轻扶养义务，但绝不可以免除扶养义务。现实中有的法院也作出了"夫妻一方即使领取失业救济，也应当给付一部分扶养费给对方"的判决。[①]本案中，徐某生活水平远高于王某1，其应当拿出部分退休金给付王某1，使王某1摆脱无法正常生活的状态，这是其应尽的扶养义务。

（二）赡养义务能否代替扶养义务

现行法对于成年子女履行赡养义务和夫妻之间履行扶养义务之间的顺序没有明确的规定。本案中，一审法院与二审法院均认为王某1在2018年8月至开庭时的医疗费应为徐某应当承担的扶养义务，而非王某1的赡养义务。法院作出判决极有可能是类推适用《民法典》第28条成年人法定监护人的规定，认定配偶承担义务应当优先于其成年子女。从这个角度来讲，法院作出该判决具有一定道理。但是这两种义务之间履行顺序如何、比例如何仍然需要立法者来规定。

三、专家建议

扶养义务涉及婚姻的本质，具有法定性、强制性，不能协议排除，也不能由夫妻单方面放弃或免除。夫妻一方为了逃避履行给付扶养费义务，往往声称其生活负担过重，无法承担扶养费，这种主张是没有法律效力的，需要扶养费的一方应当勇敢地向法院起诉，维护自己的合法权益。除此之外，给付扶养费的一方需要保存好给付扶养费的相关证据，这些证据可以有力证明自己已经履行给付扶养费的义务。子女对父母的赡养义务无法取代夫妻之间互相的扶养义务，因此双方最好可以提前对应尽义务进行协

[①] 详可参见天津市河东区人民法院（2016）津0102民初3012号民事判决书。

商，避免之后发生法律纠纷。

四、关联法条

《民法典》第 28 条、第 1059 条。

遗赠扶养协议解除后如何返还扶养费

遗赠扶养协议是我国特有的一项养老制度。对于那些鳏寡孤独、丧失行为能力的老年人，面对"老无所养"的困境，可以采取与继承人之外的人签订遗赠扶养协议来解决自己的生养死葬问题。根据司法解释，遗赠人无正当理由不履行，导致协议解除的，应当偿还扶养人供养费用。但是从字面意义上看，似乎遗赠人在存活时没有义务需要履行。那么，这里的"遗赠人无正当理由不履行"到底指的是什么？同时，当遗赠人和扶养人都履行不完全时，应当返还全部还是部分扶养费呢？

一、案例简介

（一）基本案情

杨某甲和于某某在儿子亡故后为了解决自身的养老问题，于2010年8月20日同原籍商洛市丹凤县的代某某和李某某签订了《招义子养老协议书》一份。2020年夏收后，杨、于二人不再让代、李二人耕种自己家中的原有耕地，且杨、于二人多次向各级反映赡养问题。2021年4月28日经镇村调解，就双方的遗赠扶养问题另行达成调解协议，约定"代、李二人每年支付赡养费3600元。杨、于二人的合疗、医疗费用均由代、李二人负担。杨、于二人购置空调的1700元由代、李二人暂交村委会保管，待杨、于二人于2021年6月底前将6.3亩耕地交代、李二人耕种后由村委会兑付"。协议签订后，因杨、于二人未将约定的 6.3 亩耕地交予代、李二人耕种，仅让代、李二人耕种部分耕地而代、李二人未予同意，代、李二人遂未履行协议约定的其他义务，并在村委会代为支付一个月的赡养费 300 元后要求停止支付。（2021）陕 0528 民初 4290 号民事判决书判决解除了《招义子养老协议书》。后，代、李二人请求法院依法判令杨、于二人返还扶养费 200000 元。二被告辩称二原告存在无正当理由不履行义务导致扶养协议解除，二被告依法不应返还供养支出费用。①

（二）法院裁决

一审法院认为，虽代、李二人并无充足证据证明在双方长达十余年的遗赠扶养关系中全面履行了遗赠扶养协议约定的扶养义务，但结合被告在诉讼中的自认情况，可确认代、李二人至少履行了部分扶养义务。故不能认定遗赠扶养关系的解除系二原告无正当理由不履行导致，而是基于双方的过错造成的。在此情况下，二原告要求二被告返还扶养费的请求应予一定支持。判决二被告于本判决生效后三十日内返还二原告扶养费 86800 元。被告不服一审判决，提起上诉。

二审法院认为，杨、于二人无证据证明代、李二人未履行扶养义务，代、李二人亦无充足证据证明其完全履行扶养义务。结合已经查明的案件事实，双方对遗赠扶养关系的解除均有过错。因遗赠扶养关系的解除系基于双方的过错共同造成的，扶养费由双方各自负担一半，故杨、于二人应当向代、李二人返还扶养费 43400 元，对一审认定的扶养费数额予以纠正。

---

① 详可参见陕西省渭南市中级人民法院（2023）陕 05 民终 1047 号民事判决书。

二、以案说法

结合一审和二审法院的判决，本案的争议焦点主要有二：一是在未完全履行扶养义务的情况下，代、李二人能否请求返还其支付扶养费用；二是如果能够返还，则应当返还的扶养费数目是多少。

（一）扶养人主张返还扶养费的条件

根据《最高人民法院关于适用〈中华人民共和国民法典〉继承编的解释（一）》第40条的规定，在遗赠扶养协议中，扶养人无正当理由不履行，导致协议解除的，其支付的供养费用一般不予补偿。遗赠人无正当理由不履行，导致协议解除的，则应当返还扶养人已支付的供养费用。也就是说，如果扶养人想要主张返还扶养费，那么其需要证明，该协议解除是由遗赠人无正当理由不履行协议，且这种不履行协议导致了协议解除。首先，判断受遗赠人是否无正当理由不履行协议。一般来说，在遗赠扶养协议中，被扶养人的主要义务体现在将财产遗赠给扶养人，并且不得为背离"遗赠"之目的的处分行为。但是在本案中，被扶养人还有非常特殊的义务，即将自己的耕地交由代、李二人耕种。也就是说，杨、于二人确实没有完全履行其协议。其次，判断这种不履行协议是否导致了协议的解除。本案中，被告的在先违约明显不当，也不利于缓和双方之间的关系，但原告的行为则进一步加剧了双方的对立态势，最终导致二被告诉诸法律解除了遗赠扶养关系。故不能认定遗赠扶养关系的解除系二原告无正当理由不履行导致，而是基于双方的过错造成的。也就是说，遗赠扶养协议的解除不能完全归因于被扶养人的违约，而是双方违约导致的合同最终解除。那么此时是否还能主张扶养费的返还呢？

答案应当是肯定的。一方面，《最高人民法院关于适用〈中华人民共和国民法典〉继承编的解释（一）》第40条的规定应当理解为完全返还，即由于遗赠人无正当理由不履行，导致协议解除的，应当返还扶养人已支付的全部供养费用。那么在双方都有过错的情况下，其无须全部返还，而是根据过错情况部分返还。另一方面，法条规定，扶养人无正当理由不履行，导致协议解除的，其支付的供养费用一般不予补偿。这里的"一般不予补偿"是一个弹性规定，其考虑到了实质公平问题。① 虽然扶养人有违约行为，但是他也可能尽过较多的扶养照顾义务，故完全不予补偿有失公平。在司法实践中，也会给予扶养人适当补偿。② 因此，在本案中，代、李二人已尽到了部分义务，因此其可以主张返还部分扶养费。两审法院最终都支持代、李二人返还扶养费，笔者表示赞同。

（二）返还扶养费的数额

如上文所述，如果完全由于遗赠人的过错导致合同解除，应当全额返还扶养费。但是在本案中，扶养人也具有过错，因此其只能请求部分返还。本案中，在"支付扶养费数额"不明的情况下，一审法院参照同时期陕西省农民人均消费性支出86500元酌定代、李二人支出扶养费86800元，笔者表示赞同，但是一审法院没有考虑双方过错部分返还。二审法院纠正了一审法院的错误，扶养费由双方各自负担一半，所以杨、于二人应当返还43400元。可见，对于返还扶养费的数额，在司法实践中还是由法院根据双方的过错程度来判处扶养费的返还。

---

① 参见陈甦、谢鸿飞主编：《民法典评注·继承编》，中国法制出版社2020年版，第300页。

② 详情可见海南省海南中级人民法院（2007）海南民二终字第172号民事判决书。

三、专家建议

本案中，被扶养人的义务多于一般的遗赠扶养协议中的义务，正是由于这部分义务的不履行才部分导致了遗赠扶养义务的解除。因此，在订立遗赠扶养协议时要妥当约定双方的义务内容，以防由于义务的无法履行而导致协议的解除。这是和遗赠扶养协议解决"老无所养"问题的立法目的相违背的。除此之外，扶养人还要保留好自己支付扶养费用的证据，如果最终真的对簿公堂，这些证据能够决定最终返还扶养费的数额。最后，即使合同的解除归因于扶养人，但是扶养人如果真的已经履行了较多的义务，其仍然可以向法院主张返还部分费用。

四、关联法条

《民法典》第 1158 条；

《最高人民法院关于适用〈中华人民共和国民法典〉继承编的解释（一）》第 40 条。

有收入的父母如何向子女主张赡养费

养老育幼是中华民族的传统美德，在我国家庭法中的内在体系中具有重要地位。虽然国家已经制定了大量的政策法规来照顾老年人，但是在现实生活中，子女对父母的直接赡养还是占据了最主要的地位。由此，法律认定成年子女具有赡养父母的法定义务，这就意味着这种义务不能通过约定等方式排除。我国《民法典》第1067条第2款规定："成年子女不履行赡养义务的，缺乏劳动能力或者生活困难的父母，有要求成年子女给付赡养费的权利。"由此产生的疑问是，当成年子女的父母有收入有财产时，还能否要求子女给付赡养费呢？

一、案例简介

（一）基本案情

郝某与梁某系母子关系。梁某出生于1956年5月16日，系郝某和丈夫梁某某1次子，另外两名子女为案外人梁某某2和梁某某3。梁某某1于2010年11月16日去世，现郝某与梁某分别居住生活。另查，郝某每月领取困难补助和房贴1287.7元、抚恤补助金160元，梁某每月收入为4800元左右。郝某向一审法院起诉请求，依法判令梁某从2016年7月1日开始每月给付赡养费1000元。梁某辩称自己一直以来都在积极地尽赡养义务，且郝某有固定的收入来源，还有巨额遗产供其随意支配，虽无劳动能力，但不属于生活困难。①

（二）法院裁决

一审法院认为，赡养老人是子女的法定义务。子女依法对父母有赡养扶助的义务，子女不履行赡养义务时，无劳动能力或生活困难的父母，有要求子女给付赡养费的权利。本案中，梁某系郝某之子，郝某现已 90 岁高龄，失去劳动能力，梁某依法应对郝某履行赡养义务，以使其安度晚年。郝某主张每月给付 1000 元赡养费金额过高，结合郝某的实际需求、子女情况、双方的收入以及当地生活水平等因素，酌定梁某自 2020 年 10 月起每月给付郝某 400 元赡养费。梁某不服一审判决，提起上诉。

二审法院认为，子女作为赡养人应当履行对父母经济上供养、生活上照料和精神上慰藉的义务。子女依法对父母有赡养扶助的义务，父母有要求子女付给赡养费的权利。本案中，郝某年事已高，失去劳动能力，虽有一定的养老金等收入，但梁某作为郝某的子女，对郝某具有赡养义务，因此郝某要求梁某给付一定数额的赡养费符合情理、法理。关于梁某应当支付赡养费的具体数额，一审法院综合考虑郝某的实际需要、当地居民的实际生活水平，同时结合双方之间的经济及生活现状，酌定梁某自 2020 年 10 月起每月给付郝某 400 元赡养费，符合法律精神和法律规定，应予维持。

二、以案说法

结合一审和二审判决，本案的争议焦点为：当父母具有收入时，子女是否还具有给付赡养费的义务。如《民法典》第 1067 条

---

① 详可参见天津市高级人民法院（2020）津民终 1408 号民事判决书。

第2款所示，父母如果想要向其成年子女主张赡养费需要两个条件：第一是父母缺乏劳动能力或者生活困难；第二是成年子女不履行赡养义务。

（一）如何界定父母缺乏劳动能力或生活困难

缺乏劳动能力是指因年老、疾病、残疾等原因无法从事体力或者脑力劳动，丧失或者部分丧失劳动能力的情况。生活困难是指父母无法以自己的收入维持自己的生活，这种生活困难主要指的是客观所致的生活困难而不是自己懒散所导致的。在逻辑上，缺乏劳动能力往往会直接导致生活困难，但是根据法条的字义进行解释，两者是"或"的关系。因此，当父母缺乏劳动能力但生活不困难时仍可以主张赡养费的给付。司法实践中也有判决支撑这一观点。[①] 由此可见，赡养费的给付并不只是出于满足父母的经济需要。本案中，二审法院同样从该点出发，承认虽然郝某具有一定的养老金收入以及丈夫留下的遗产，生活并不困难，但是梁某仍然需要承担给付赡养费的义务。

（二）如何界定成年子女不履行赡养义务

所谓赡养义务，有广义和狭义的区分。《中华人民共和国老年人权益保障法》（以下简称《老年人权益保障法》）第14条第1款规定了广义的赡养义务，包括经济上供养、生活上照料和精神上慰藉三大义务。所谓经济上供养，指的是作为父母的经济来源，为父母的必要花费进行支出。随着子女逐渐离开父母建立新的家庭，这种经济上供养的义务主要通过给付赡养费的方式履行；生活上照料指的是子女应当保障父母的生活环境，对于不能自理的父母应当承担照料义务，或者委托他人进行照料；精神上慰藉指

---

① 详可参见安徽省马鞍山市中级人民法院（2015）马民一终字第00461号民事判决书。

的是关心理解父母，关注尊重父母的精神生活。狭义的赡养仅指经济上的供养。那么，《民法典》规范中的赡养义务究竟是广义赡养还是狭义赡养呢？

综合上一点得出的立法目的来看，这里规定的赡养义务应当是广义上的赡养。在本案中，郝某不存在生活苦难的情形，也就是说其根本不需要经济上的供养。但二审法院判定梁某仍然需要承担给付一定赡养费的义务，这说明该赡养费的给付并不是以经济上需要供养为依据的。由此可以得出，该赡养费的给付是对梁某没有承担生活上照料和精神上慰藉义务的替代补偿。之所以称之为替代补偿，是因为生活上照料的义务以及精神上慰藉的义务具有很强的人身属性，不应当强制梁某履行。因此，法院以给付赡养费的形式使梁某履行其应尽的赡养义务。而且本案一审法院和二审法院均以广义的赡养义务作为说理依据，说明法院在进行判决时也是考虑了广义的赡养义务。

三、专家建议

赡养义务不只是包括经济上的供养义务，还包括生活上的照料义务和精神上的慰藉义务。即使父母生活不困难也可依《民法典》第 1067 条第 2 款主张子女给付赡养费，但此时赡养费数目不会太高。从子女的角度出发，父母所需要的其实不光是冷冰冰的金钱，他们也需要子女常回家看看他们，也需要子女的关心理解和陪伴。正如一审法院判决所提出的，"望今后梁某能够积极履行经济上赡养母亲的义务，并且经常探望母亲，让母亲不仅在经济上有所保障，生活上得到照料，在精神上也能够得到安慰。望郝某能够从维护家庭和睦的长远考虑，接受梁某履行生活和精神赡养义务，维系母子亲情，修补家庭关系"。这才是法条的立法目的所指向的，也是促进社会和谐所需要的。

四、关联法条

《民法典》第 1067 条；

《老年人权益保障法》第 14 条。

兄、姐向弟、妹如何主张扶养义务

兄弟姐妹之间相互扶助，能够有效保障家庭成员的生存。确立兄弟姐妹之间的扶养义务既符合民族文化传统，又具备良好的社会基础。《民法典》第1075条规定了兄弟姐妹之间的扶养义务，旨在补足父母子女扶养的不足，保护家庭中弱者的利益。但是与父母无条件抚养子女不同，兄弟姐妹间的扶养义务需要满足特定条件，所承担的义务内容与父母抚养的义务也有所不同。接下来我们就具体案例来分析兄、姐向弟、妹主张扶养义务需要什么条件。

一、案例简介

（一）基本案情

原告唐某某与被告唐某1系同胞兄弟关系。原、被告父亲唐某2因病于1972年农历腊月初六去世，母亲聂某某体弱多病于1991年去世。1977年开始母亲聂某某就跟随原、被告的长兄唐某3一起生活，而被告唐某1从十岁开始就与原告唐某某一起居住生活，并于其结婚后一年与原告唐某某分开生活。现原告主张其已六十多岁，长期患疾病，生活、经济十分困难，又无任何经济来源，原告对被告从小扶养成人，故原告对被告已经履行了扶养义务，依照《婚姻法》①《老年人权益保障法》及相关法律法规和司法解释之规定，被告应对原告履行扶养义务。原告唐某某向法院起诉要求被告唐某1按月支付扶养费1000元至原告唐某某身故时止。而被告辩称原告唐某某要求被告唐某1尽扶养义务，不符合法律规定。②

（二）法院裁决

一审法院认为，由兄、姐扶养长大的有负担能力的弟、妹，对于缺乏劳动能力又缺乏生活来源的兄、姐有扶养义务。对于该扶养义务，应当同时满足缺乏劳动能力和缺乏生活来源两个法定条件。虽然被告唐某1由原告唐某某扶养长大，但原告唐某某在递交的证据中不能证明其缺乏劳动能力，所以原告唐某某起诉要求被告唐某1承担扶养义务给付扶养费的诉讼请求，一审法院不予支持。原告不服一审判决，提起上诉。

二审法院认为，被上诉人唐某1由上诉人唐某某扶养长大是客观事实，但上诉人唐某某在一、二审递交的证据均不能证明自己已丧失劳动能力，且上诉人唐某某膝下有一儿一女，儿子唐某4在某小区购买房屋一套用于居住，且在外务工有固定的收入。根据《婚姻法》第21条第1款"父母对子女有抚养教育的义务；子女对父母有赡养扶助的义务"的规定，上诉人唐某某之子女赡养父母是其法定的义务，因此不能认定上诉人唐某某没有生活来源。上诉人唐某某上诉要求被上诉人唐某1承担扶养义务给付扶养费的请求，不予支持。最终判决驳回上诉，维持原判。

---

① 2021年1月1日后，《婚姻法》失效。《民法典》第1075条的内容与《婚姻法》第29条内容完全一致。

② 详可参见四川省巴中市中级人民法院（2018）川19民终1006号民事判决书。

二、以案说法

结合一审法院和二审法院的判决，本案的争议焦点为：唐某某是否可以向唐某1主张其承担扶养义务。根据《民法典》第1075条，弟、妹承担扶养义务需要具备下列三个条件：

其一，弟、妹由兄、姐扶养长大。法律之所以如此规定是因为其秉持着"权利义务一致"的原则。既然弟、妹是由兄、姐扶养长大，那么相应地，在一定条件下弟、妹也有反过来扶养兄、姐的义务。这里的"扶养长大"主要是指弟、妹长期依靠兄、姐提供主要的生活来源直到自己能够以自己的收入作为主要生活来源。在本案中，被告唐某1自十岁起便与原告唐某某共同居住生活，直到被告结婚一年后分开。被告的母亲虽然在被告未成年时仍然健在，但是其与原、被告的长兄生活在一起，并没有尽到抚养义务。因此应当认定被告唐某1是由原告扶养长大的。

其二，弟、妹具有负担能力。兄弟姐妹之间的扶养义务与父母子女之间的抚养义务标准不同。父母与子女之间的抚养义务是一种"生活保持义务"，即牺牲自己的生活质量也要保持抚养人和被抚养人之间的生活质量一致，也就是所谓的"最后一口肉也要分着吃"。但是兄弟姐妹之间的扶养义务属于生活扶助义务，即弟、妹无须降低自己的生活质量来满足被扶养人的需求。由此，这里的负担能力应当作限缩解释。即以自己的劳动收入或其他收入满足本人和法定抚养义务人的合理生活需求后，还有扶养兄、姐的生活能力。因此在司法实践中，某些弟、妹收入不多或身体不好，法院以此认定其不具有负担能力。[1]本案中只知道唐某1为

---

[1] 参见薛宁兰、谢鸿飞主编：《民法典评注·婚姻家庭编》，中国法制出版社2020年版，第353-357页。

农民，无法判断其是否具有负担能力。根据谁主张谁举证的基本原则，应当由原告唐某某来主张其弟唐某1具有负担能力。

其三，兄、姐既缺乏劳动能力又缺乏生活来源。与《民法典》第1067条第2款父母向成年子女主张赡养费的条件"缺乏劳动能力或者生活困难"不同，兄、姐必须同时满足缺乏劳动能力与缺乏生活来源两个条件。法条的这一不同规定体现了兄弟姐妹之间的这种扶养是一种补充性的扶养。兄、姐有法定的扶养义务人不应当认定为缺乏生活来源，因为当满足弟、妹承担扶养义务时，往往也满足夫妻之间扶养、成年子女赡养的条件，而夫妻之间的扶养义务、成年子女的赡养义务履行应当优先于弟、妹具有补充性质的扶养义务的履行。在本案中，原告唐某某主张其无劳动能力又无生活来源，但是其没有证据证明自己丧失了劳动能力。与此同时，其儿子唐某4在一小区购买房屋一套用于居住，且在外务工有固定的收入，具备履行赡养义务的能力，其赡养费的给付应当构成"生活来源"。因此，不能认定唐某某缺乏生活来源。二审法院依此驳回上诉人唐某某上诉要求被上诉人唐某1承担扶养义务给付扶养费的请求，值得赞同。

三、专家建议

兄、姐向弟、妹主张扶养义务履行的条件十分严苛。因此，兄、姐应当首先向其他优先级更高的抚养义务人主张扶养义务的履行。待这些主体不再能履行扶养义务之后再向弟、妹主张扶养义务的履行。其次，弟、妹承担的是生活扶助义务，因此弟、妹只需在满足自己及第一顺位扶养义务人最基本的生活需要后，再承担扶养兄、姐的义务。而且证明弟、妹具有负担能力的责任应当由兄、姐承担。最后，在满足条件的情况下，笔者还是建议弟、妹主动履行扶养义务。乌鸦反哺，母羊跪乳，此时的弟、妹是由兄、姐扶养长大的，那么在其具有扶养能力的前提下，弟、妹应当向兄、姐伸出援手。

四、关联法条

《民法典》第 1067 条、第 1075 条。

如何认定事实收养关系

事实收养作为一种社会现象在我国普遍存在。所谓事实收养关系，是指收养人与被收养人之间虽然不具备法律上收养关系成立的实质要件或形式要件，但双方一直有以父母子女关系共同生活的合意，无论是在情感上还是在行为上，都自愿把对方视为父母或子女，已经形成了事实上的家庭关系，无须补办手续，法律便认可其收养效力的法律关系。对于1999年4月1日之前发生的收养行为，我国立法考虑到当时或者无具体法律规定，或者法律规定不明确，鉴于维系亲情、化解相关纠纷、达到情与法的平衡的考量，予以这种事实收养关系法律的确认和保护。

一、案例简介

（一）基本案情

被告王某某系原告刘某某之兄王某的养子，原告刘某某入赘至渭南市某区，此后将其母、其兄王某和被告一并接至该处生活。1974年，原告之兄王某因意外去世，被告当时正在读小学，原告刘某某作为被告叔父，担负起照管被告的责任，负责其吃穿，省吃俭用、含辛茹苦供被告读书。被告自其养父王某去世前直至诉讼时，一直称呼原告为三爸，户口也从未与原告在一起。在原告之兄王某去世后同一年，原告收养一子，取名刘某并一直以父子相称，户口落在原告户口名下。1982年10月，被告应征入伍，入伍登记表的亲属关系一栏载明原告与被告系叔侄关系不是收养关系。被告在部队上的花销都由原告供给。1997年被告退伍转业后，原告托人为被告安排工作，为被告娶妻。诉讼发生前几年，原、被告之间因琐事产生隔阂，原告认为被告未尽赡养义务，遂诉至法院请求解除收养关系并请求法院判令被告支付抚养费。审理过程中，被告表示其与原告不是收养关系，而是代为抚养关系，承认原告为抚养人，因原告养育自己多年，故虽二人之间虽然不成立收养关系，但愿意照顾原告，并支付原告抚养期间实际支出的费用。①

（二）法院裁决

法院首先根据《最高人民法院关于适用〈中华人民共和国民法典〉时间效力的若干规定》第1条第2款的规定认定，本案原告主张的收养事实发生在《中华人民共和国收养法》（以下简称《收养法》，现为《中华人民共和国民法典》）施行之前，当时的法律认可事实上的收养关系，如果原告主张其与被告存在事实上的收养关系，就应当提供相应证据加以证明。但是，从当事人提供的证据看，本案被告从未改姓、原告与被告之间以叔侄而非父子相称、被告户口也未迁至原告名下，而原告同年收养的另一男孩，原告不仅将其改为原告的姓，将该男孩的户口迁至原告名下，而且原告与该男孩也以父子相称。这些均可以表明原告内心对被告和收养的另一男孩的身份认识是不同的：对于收养的另一男孩，原告有着明显的建立法律上拟制的亲子关系的意愿；但对于被告，原告并无追求与被告之间建立法律上拟制亲子关系的愿望，而仅仅是作为被告的有抚养能力的近亲属，对于养父去世后年幼无人

---

① 详可参见陕西省渭南市华州区人民法院（2023）陕0503民初988号民事判决书。

照料、处于困境的被告，出于互助互爱，对兄长的孩子进行抚养照料。对于原告的抚养行为，应当予以肯定并鼓励，但此种抚养关系不产生法律上父母子女的权利义务。

综合本案事实，法院认定原告与被告之间未形成收养关系，故对原告要求与被告解除收养关系的诉讼请求未予支持。但是，法院认为应当考虑原告为照顾被告，付出精力和财力多年，出于公序良俗，被告也应在原告年老时予以物质上的回馈以及精神上的慰藉，且被告也表示愿意按实际抚养时间给付抚养费，最终判决被告王某某给付原告刘某某一定数额抚养费，驳回原告刘某某的其他诉讼请求。

二、以案说法

本案的争议焦点为：原、被告之间是否存在收养关系。案件的审理主要涉及两个问题：一是本案的法律适用问题；二是事实上收养关系的判断问题。

（一）认可事实上收养关系的立法规定

本案事实发生在 1974 年。我国关于收养关系成立的立法规定，根据收养行为发生的时间，可以分为三个阶段：一是 1992 年 4 月 1 日《收养法》实施之前；二是 1992 年 4 月 1 日至 1999 年 4 月 1 日《收养法》实施之前；三是在 1999 年 4 月 1 日《收养法》实施之后。

在 1992 年 4 月 1 日《收养法》施行之前，办理收养登记并非确认收养关系合法性的必要条件。根据 1984 年 8 月 30 日施行的《最高人民法院关于贯彻执行民事政策法律若干问题的意见》第 28 条的规定：亲友、群众公认，或有关组织证明确以养父母与养子女关系长期共同生活的，虽未办理合法手续，也应按收养关系对待。这一时期，法律认可事实上的收养关系。

如果收养行为发生在 1992 年 4 月 1 日施行的《收养法》之后，则依法应予以登记。因为 1992 年《收养法》第 15 条第 1 款规定，"收养查找不到生父母的弃婴和儿童以及社会福利机构抚养的孤儿，应当向民政部门登记"，但对于这一规定中的"登记"是否为收养关系成立的法定形式要件，并未予以明确，以致对于未经登记的收养关系的效力，理论和实务均不一而足。直至 1999 年 4 月 1 日施行的《收养法》第 15 条，才明确规定："收养应当向县级以上人民政府民政部门登记。收养关系自登记之日起成立。"根据司法部 1993 年颁布的《关于办理收养法实施前建立的事实收养关系公证的通知》的规定，"凡当事人能够证实双方确实共同生活多年，以父母子女相称，建立了事实上的父母子女关系，且被收养人与其生父母的权利义务关系确已消除的，可以为当事人办理收养公证。收养关系自当事人达成收养协议或因收养事实而共同生活时成立"，以及 2000 年 3 月颁布的《关于贯彻执行〈中华人民共和国收养法〉若干问题的意见》第 2 条第 1 款的规定，"新收养法施行后，收养关系的成立和协议解除收养关系以登记为准"，这意味着 1992 年 4 月 1 日实施的《收养法》中的"登记"规定只是一种管理性的强制性规定，如果收养行为发生在 1992 年 4 月 1 日以后至 1999 年 4 月 1 日之前，那么并不因为登记与否而影响收养关系的成立。但是，在 1999 年 4 月 1 日《收养法》实施后，确立了"登记成立主义"，即如果当事人双方未就收养在民政部门进行登记，则法院会认定该收养关系不成立。

本案中的收养关系发生在 1974 年，即在 1992 年 4 月 1 日《收养法》实施之前，综上可知，当事人之间是否成立收养关系，只需当事人提供相应证据证明双方是否构成事实上的收养关系即可。从这个意义上看，《民法典》的相关规则对于类似本案情形的纠纷处理的影响不大。

（二）关于事实上收养关系的判断

如前所述，在 1999 年 4 月 1 日《收养法》施行之前，我国法律认可事实上的收养关系，只要当事人提供证据加以证明确以养父母与养子女关系长期共同生活，双方实际履行父母子女之间的权利义务即可。这些证据可以寻求亲友、群众公认，或有关组织证明。在司法实践中，可以用来证明当事人之间存在事实上的收养关系的证据，主要有是否有收养协议、是否申报户口登记、在生活中当事人是否相互之间公开养父母与子女的关系、是否相互使用父母子女的称谓等。例如，本案中，法院正是基于当事人不仅无法提供此类证据，而且原告与被告的情形与和原告形成收养关系的另一男孩之间的情形截然相反，印证原告与被告之间并未成立收养关系。

三、专家建议

我国立法对于 1999 年 4 月 1 日之前形成的事实收养关系予以确认和保护，主要旨在避免因收养关系不成立、无效或效力未定，给收养双方在落户、入学等相关手续的办理及履行抚养、赡养义务、遗产的继承等方面造成障碍，故而对于 1999 年 4 月 1 日之前发生的收养行为，会在考虑收养关系成立的法定要件的同时，根据实际情况予以认定是否形成事实收养关系，进而予以相应的保护。需要注意的是，对于 1999 年 4 月 1 日之后发生的收养行为，我国法律不再认可和保护事实收养关系。如果当事人确有成立收养关系的意愿，应尽快补办收养登记。如果因不符合规定未能补办的，也最好进行抚养事实的公证，这样在不构成收养关系的情形下，可以根据抚养事实确定当事人之间的权利义务关系性质，适用相应的法律。

四、关联法条

《民法典》第 1098 条、第 1105 条第 1 款、第 1106 条、第 1107 条、第 1111 条、第 1118 条；

《最高人民法院关于适用〈中华人民共和国民法典〉时间效力的若干规定》第 1 条第 2 款；

《中华人民共和国收养法（1998 修正）》第 15 条第 1 款、第 17 条、第 30 条；

《最高人民法院关于贯彻执行民事政策法律若干问题的意见》（〔1984〕法办字第 112 号）第 28 条；

司法部《关于贯彻执行〈中华人民共和国收养法〉若干问题的意见》（司发通〔2000〕33 号）第 2 条第 1 款；

司法部《关于办理收养法实施前建立的事实收养关系公证的通知》（司发通〔1993〕125 号）。

精神病人收养子女是否一定无效

收养属于自然人依法领养他人子女为自己子女的法律行为。通过收养行为，可以在本无亲子关系的收养人与被收养人之间成立法律拟制的亲子关系，以保障被收养的未成年人的幼有所育，也保障收养人的老有所养。为确保收养制度功能的实现，我国《民法典》规定了收养人应当具备的条件。在认定收养人是否具备法律规定的条件这一事实，以及据此判断收养行为的效力时，司法者会尊重稳定合理的收养关系，结合人情伦理、风俗习惯，注重法律效果和社会效果的有效结合，兼顾收养人与被收养人的合法权益的保护。

一、案例简介

（一）基本案情

原告花某某（男）、柯某（女）系夫妻关系，于1975年4月登记结婚，婚后花某某发现柯某患有间歇性精神疾病。次年，二人生育一子花甲。花甲自幼也患有精神疾病，1985年被送至精神病院，后于1998年9月去世。1985年，花某某与柯某发生家庭矛盾后，二人分居，花某某长期在南通工作生活，柯某生活在平潮，双方十余年无来往，之后才重新在一起。1988年，被告柯某某出生后未满周岁即被柯某领养，抚育至成年，但一直未在主管部门办理收养登记。1999年，柯某某上小学四年级时，原告柯某带被告柯某某至原告花某某处，原告花某某知道了柯某收养柯某某的事实。之后，花某某每年给付柯某数千元生活费，以支付柯某某的学费等生活开支。日常生活中，柯某某称呼两原告为"爸爸""妈妈"。柯某某结婚时，两原告以柯某某父母的身份参加婚礼。2018 年 10 月，江苏省南通市通州区人民法院依法受理花某某申请宣告柯某无民事行为能力案，经审理于 2019 年判决柯某为无民事行为能力人，指定花某某为被申请人柯某的监护人，并认定柯某某幼年时被柯某领养。上述判决作出后，原告柯某因精神疾病发作被送医院住院治疗。柯某出院后，原告花某某也因重疾（癌症晚期）无力照顾柯某，柯某一直由柯某某照料。2020 年 3 月，原告花某某以自己及柯某监护人的名义与柯某一起向江苏省南通市通州区人民法院起诉，以柯某为无民事行为能力人，不具备收养子女的能力，且花某某与柯某曾生育一子，收养行为违反当时的计划生育相关政策法规为由，请求确认与被告柯某某的收养关系无效。①

（二）法院裁决

一审法院认为，柯某某年幼时即被柯某领养的事实由 2018 年的生效判决为证，且在柯某某上四年级时，花某某就知道了收养事实。结合花某某经济上帮助抚养柯某以及花某某、柯某与柯某某之间以父女、母女相称，花某某、柯某作为柯某某的父母参加柯某某的婚礼等事实，可以确认花某某、柯某与柯某某之间存在事实上的抚养关系。同时，案涉抚养事实发生于 1988 年，即为 1991 年《收养法》实施之前，在当时，是否办理收养登记并非确认收养关系效力的必要条件。对于花某某所主张的收养关系无效

---

① 详可参见江苏省南通市中级人民法院（2020）苏 06 民终 3133 号民事判决书。

的两个方面的理由，一审法院认为，原告花某某以柯某无民事行为能力及违反计划生育政策为由而主张该事实收养关系无效无事实和法律依据，故判决驳回原告花某某、柯某要求确认收养关系无效的诉讼请求。

花某某、柯某不服一审判决，提起上诉，主张柯某患有不适宜、不应当收养子女的疾病，应当认定收养关系无效。二审法院经审理认为，花某某虽系柯某的法定监护人，但柯某一直跟随柯某某共同生活，由柯某某赡养，现花某某代为起诉请求确认案涉收养关系无效，侵害被监护人柯某的合法权益。况且，花某某自称身患癌症，与柯某长期分居，结合柯某的生活状况以及柯某某的赡养意愿，一审未认定案涉收养关系无效，并无不妥。最终，二审法院认为一审判决认定事实清楚，适用法律正确，应予维持，花某某、柯某的上诉请求不能成立，遂判决驳回上诉，维持原判。

二、以案说法

本案被认为是裁判家事案件注重司法温度的范本，也是法律效果和社会效果的有效结合，兼顾收养人与被收养人合法权益保护的典型案件。案件的争议焦点为：柯某系精神病人，且与花某某婚后生育一子，其收养柯某某的行为是否有效。这主要涉及两个问题：一是收养人应当具备的条件；二是收养行为的效力判断。

（一）关于收养人应当具备的条件

《民法典》第 1098 条规定："收养人应当同时具备下列条件：（一）无子女或者只有一名子女；（二）有抚养、教育和保护被收养人的能力；（三）未患有在医学上认为不应当收养子女的疾病；（四）无不利于被收养人健康成长的违法犯罪记录；（五）年满三十周岁。"本案中，原告花某某认为柯某是精神病人，经法院确认为无民事行为能力人，在一审中主张柯某无民事行为能力，在二审中主张柯某患有不适宜、不应当收养子女的疾病，并以此主张认定收养行为无效。由此可见，本案原告花某某的主张涉及本条规定的两个要件：其一，柯某是否患有在医学上认为不应当收养子女的疾病；其二，柯某是否有抚养、教育和保护被收养人的能力。

首先，就柯某是否患有在医学上认为不应当收养子女的疾病的问题。本案中，虽然原告柯某有较长的精神病史，但精神疾病是一个医学概念，且精神疾病的内涵丰富、外延广泛，在立法未予列举"医学上认为不应当收养子女的疾病"，也未予明确"医学上认为不应当收养子女的疾病"的具体内容的情形下，不能武断认为"医学上认为不应当收养子女的疾病"应包含所有的精神疾病。何况，本案中柯某已经在客观上将被收养人柯某某抚养成年，完成了抚养义务，这恰恰可以反证柯某的精神疾病不足以构成"不应当收养子女"。换言之，如果将所有精神疾病都认定为"医学上认为不应当收养子女的疾病"，既无法律上的依据，也不符合客观事实。

其次，就柯某是否有抚养、教育和保护被收养人的能力问题。本案中，原告柯某收养柯某某的行为发生在1988年，但法院在2018年才判决柯某为无民事行为能力人，此时柯某已经将被收养人柯某某抚养成年，完成了抚养义务。从法律上看，认定成年人是否为无民事行为能力人或者限制行为能力的标准，是其是否能够辨认或完全辨认自己的行为，而非其是否为医学意义上的精神病人，且未经法定程序，不能将精神病人直接等同于无民事行为能力人，故而也不能依据2018年的判决就直接推定柯某在收养柯某某时即为无民事行为能力人。更何况法律上要求的是"有抚养、教育和保护被收养人的能力"，而非必须具有完全民事行为能力，正如一审法院指出的，精神疾病系医学概念，民事行为能力系法律概念，两者不能混同。同时，从柯某已经将柯某某抚养成年且完成了抚养义务的事实，反而可以证明柯某具有抚养、教育和保护被收养人柯某某的能力。由此也可以看出，并非所有患有精神疾病的人均无抚养、教育和保护被收养人的能力。

综上可以看出，本案中不能否认柯某在收养柯某某时具备收养人的条件。

（二）关于收养行为的效力判断

根据我国《民法典》第 144 条规定，"无民事行为能力人实施的民事法律行为无效"；《民法典》第 1113 条第 1 款也规定，"有本法第一编关于民事法律行为无效规定情形或者违反本编规定的收养行为无效"。根据该两条规定，如果收养人为无民事行为能力人，则会导致收养行为无效。然而，如前所述，本案的案件事实不仅不能认定收养人柯某在收养柯某某时即为无民事行为能力人，相反，柯某已经完成抚养义务的事实以及被告柯某某也认可其为柯某的女儿，并愿意履行子女的赡养义务的情形，是本案判断所涉收养行为效力必须考量的因素。也正因为如此，本案两审法院均立足于我国收养制度旨在保护被收养人和收养人双方的合法权益的目的，在查明原、被告之间存在事实收养关系的客观事实的基础上，指出：一则我国收养制度要求收养人具有完全民事行为能力的法律规定，旨在保护被收养的未成年人的合法权益，以防出现不利于被收养人健康成长的情形，而本案中原告花某某主张的情形并未阻碍被告柯某某的健康成长；二则本案中柯某年老体弱，急需作为已经成年的义务人柯某某履行子女的赡养义务，且原告花某某本人患有重病，无力履行对柯某的监护职责，而被告柯某某也认可其为柯某的女儿，并愿意履行相应职责，如果认定收养关系无效则不利于保护收养人柯某的合法权益。为此，本案判决特别指出，法院难以判定通过诉讼的方式来否认柯某与柯某某的母女关系符合柯某收养柯某某的初衷；法院更难以判定，花某某作为柯某的法定监护人，通过诉讼的方式否定案涉收养关系的有效性，系符合监护人应当保护被监护人合法权益的法律规定。从这个意义上看，本案司法者从收养制度的目的出发，维护了和谐稳定的社会关系和伦理关系，未轻易否认虽然未经登记但已经存在几十年的事实收养关系的做法，是值得肯定的。

需要注意的是，本案的裁判还涉及收养行为是否违反计划生育相关政策以及适用新旧收养法的问题，法院认定当事人并不违反当时的计划生育政策，也不违反当时的收养法规定。这涉及新旧法适用选择问题，在前一案例中已予阐释，可予以参看。

三、专家建议

家庭是社会的基本单元，家庭关系反映了基本的人伦关系，家庭关系的稳定，与社会的和谐稳定息息相关。除了婚姻之外，收养也是组成家庭关系的方式之一。审判实践中，家庭关系效力案件的审理结果不仅涉及案件双方当事人的重大利益，关系到其近亲属的利益，甚至也可能涉及整个社会的公共利益，如婚姻效力、收养效力，一旦认定无效，即发生自始无效的法律效力。故司法者在处理包含收养纠纷在内的各类家事案件时，不宜轻易否定其效力，尤其是对于长期稳定的家庭关系，更应当十分慎重。

四、关联法条

《民法典》第 8 条、第 34 条第 1—3 款、第 35 条第 1 款第 1 句、第 144 条、第 1041 条第 3 款、第 1044 条第 1 款、第 1098 条、第 1101 条、第 1105 条第 1 款、第 1113 条。

是否可以收养成年人

我国《民法典》专门规定了被收养人的范围。相较于之前的《收养法》,《民法典》将被收养人的年龄范围由不满十四周岁扩大至不满十八周岁,使得可以将更多的未成年人纳入被收养人的范围,有利于保护未成年人的利益。需要注意的是,《民法典》的规定仍然明确了被收养人的范围只限于未成年人,即成年人并不能被收养。也就是说,如果成年人作为被收养人,即使其与收养人签订了收养协议,也因为该协议违反了法律规定而无效。

一、案例简介

(一)基本案情

2019 年 12 月 22 日 7 时 32 分,田某某驾驶小型轿车与从其右侧往左侧推着自行车横过道路的行人黄某某相撞,造成车损、黄某某当场死亡的道路交通事故。《道路交通事故认定书》认定田某某承担此次事故的主要责任,黄某某承担此次事故的次要责任。田某某系肇事车辆的车主,该车在保险公司购买了交强险及商业险,事故发生在保险期内,在交强险及商业险强险限额外,由田某某承担 80% 的责任。

根据黄某某所在地人民政府、村民委员会以及公证处的证明,可知黄某某的父母已于新中国成立前身故,其本人从未结婚,未生育子女,黄某为黄某某的亲侄女,黄某某无其他的近亲属,在黄某年幼时，黄某某跟随黄某一家共同生活。在黄某成年出嫁后，黄某某独自一人外出打工，年老丧失劳动能力以后被遣返回乡。回乡之后不久，黄某某与黄某于2018年1月23日签订了遗赠扶养协议。遗赠扶养协议约定：（1）遗赠人黄某某自愿将一套政府提供的统建安置房遗赠给扶养人黄某。扶养人在遗赠人去世后受领上述财产。（2）扶养人保证悉心照料遗赠人，让遗赠人安度晚年，至遗赠人去世之前供给其衣、食、住、行、医疗等全部费用，并保证其生活水平保持在全市平均水平以上。遗赠人去世后由扶养人负责送终安葬。

在黄某某2019年7月身患重病后，黄某带其去医病，为其购买医疗保险。在黄某某住院后，黄某一直照顾黄某某的生活至其死亡，黄某某的后事也是由其负责办理。黄某认为，2018年1月23日其与黄某某签订遗赠扶养协议时双方形成养父母子女关系，故以继承人的身份向法院提起诉讼，请求判决田某某与保险公司赔偿其道路交通事故致黄某某死亡产生的死亡赔偿金、丧葬费、亲属处理交通事故人员误工费、精神损害抚慰金等各项损失。但田某某等认为，黄某某和黄某之间只是亲人之间的帮助和扶助的关系，不是收养关系，故黄某非本案的适格主体。[1]

（二）法院裁决

一审法院认为，本案中，黄某认为其与黄某某自2018年1月23日签订遗赠扶养协议时形成收养关系，但根据我国收养法和继承法的规定，其一，黄某某不符合法律关于被收养人范围的规定，故对于黄某与黄某某之间的收养关系不予确认；其二，黄某也不具有黄某某合法继承人的身份，故而不得以继承人的身份提起诉

---

[1] 详可参见四川省德阳市中级人民法院（2020）川06民终1299号民事判决书。

讼；其三，黄某亦非法律规定的近亲属，故对其赔偿死亡赔偿金及精神抚慰金的诉讼请求不予支持；其四，从实质上看，黄某与黄某某之间形成的是遗赠扶养关系，黄某一直照顾黄某某的生活直至其死亡的情形，属于其履行遗赠扶养协议的行为。一审判决基于上述认定支持了黄某对于丧葬费、亲属处理交通事故人员误工费等费用的诉讼请求，驳回了其他诉讼请求。

黄某不服一审法院判决，提起上诉，认为黄某某无其他近亲属，在黄某某身无分文身患疾病的情形下，自己将黄某某接回家中与其共同生活，为其购买社保，带其上医院看病治疗并为其缴纳相关医疗费用，认真履行了尊老扶弱及子女应尽的义务，承担了抚养义务，已形成了事实上的收养及供养关系，在经济上与人身关系上已形成相互依附的关系，所以应当将自己视为黄某某的近亲属。二审法院认为一审判决对上诉人要求赔偿死亡赔偿金及精神抚慰金的诉讼请求不予支持并无不妥，最终驳回上诉，维持原判。

二、以案说法

本案争议焦点为：黄某是否属于有权主张死亡赔偿金及精神抚慰金的适格主体。回答这一问题，需要明确两个问题：一是判断黄某与黄某某是否形成收养关系；二是黄某是否为法律规定的可以主张死亡赔偿金与精神抚慰金的近亲属。

（一）关于被收养人的范围

对于本案中黄某与黄某某是否形成收养关系，可以从两个角度予以判断：

一是从本案的法律关系角度来看。黄某与黄某某曾于2018年1月23日签订遗赠扶养协议，形成了遗赠扶养关系。根据我国

《民法典》第 1158 条的规定，"自然人可以与继承人以外的组织或者个人签订遗赠扶养协议。按照协议，该组织或者个人承担该自然人生养死葬的义务，享有受遗赠的权利"。如果黄某与黄某某已经形成收养关系，即二者具有父母子女关系，此时黄某即为黄某某的法定继承人，此与遗赠扶养协议确立的遗赠扶养法律关系相矛盾。由此可知，黄某以遗赠扶养协议为据认为其与黄某某之间形成收养关系的主张是无法得到支持的。

二是从法律所规定被收养人的范围来看。根据《民法典》第 1093 条的规定，三类未成年人可以作为被收养人：一是丧失父母的孤儿；二是查找不到生父母的未成年人；三是生父母有特殊困难无力抚养的子女。在我国，未成年人是指不满十八周岁的自然人。再根据《民法典》第 1099 条和第 1103 条的规定，只有在收养三代以内旁系同辈血亲的子女，以及继父或者继母经继子女的生父母同意收养继子女，可以不受"生父母有特殊困难无力抚养的子女"的限制。本案中，在黄某年幼时，虽然黄某某跟随黄某一家共同生活，但黄某的父母健在，与黄某某不成立收养关系；在黄某成年出嫁后，黄某某独自一人外出打工，年老丧失劳动能力被遣返回乡后，其已经是成年人，不再属于可被收养的人的范围，故而也不可能成立收养关系。

（二）主张死亡赔偿金及精神抚慰金的适格主体

根据《民法典》第 1179 条的规定，侵害他人造成人身损害的，应当赔偿医疗费、护理费、交通费、营养费、住院伙食补助费等为治疗和康复支出的合理费用，以及因误工减少的收入。造成残疾的，还应当赔偿辅助器具费和残疾赔偿金；造成死亡的，还应当赔偿丧葬费和死亡赔偿金。而《最高人民法院关于审理人身损害赔偿案件适用法律若干问题的解释》第 1 条第 2 款规定的

"赔偿权利人"，是指因侵权行为或者其他致害原因直接遭受人身损害的受害人以及死亡受害人的近亲属；《民法典》第 1045 条第 2款规定的近亲属的范围只有配偶、父母、子女、兄弟姐妹、祖父母、外祖父母、孙子女、外孙子女。在本案中，鉴于黄某与黄某某之间不成立收养关系，黄某并非案涉交通事故死者黄某某法律规定的近亲属，故而非请求死亡赔偿金及精神抚慰金的适格主体，因此本案判决并未支持黄某某侵权赔偿死亡赔偿金及精神抚慰金的诉讼请求。

三、专家建议

《民法典》将被收养人的范围限定为未成年人，是由收养的性质和目的决定的，因为收养制度的目的主要在于使养子女能够在养父母的抚育下健康成长，被收养人为未成年人，有利于培养养父母子女间的感情，建立起和睦的养父母子女关系，从而保障收养关系的稳定。因为成年人不能作为被收养人，所以当事人不能以收养协议的签订为双方自愿，或者一方履行抚养义务而主张收养关系的成立。如果成年人为了实现老有所养的愿望，可以考虑通过与特定的成年自然人签订遗赠扶养协议的方式。需要注意的是，收养关系适用有关父母子女关系的法律规则调整当事人之间的权利义务关系，而遗赠扶养协议当事人之间的权利义务关系则根据协议的效力内容予以调整。

四、关联法条

《民法典》第 1045 条第 1—2 款、第 1093 条、第 1098 条、第1099 条、第 1103 条、第 1104 条、第 1105 条第 1 款、第 1106 条、第 1127 条、1158 条、第 1179 条；

《最高人民法院关于审理人身损害赔偿案件适用法律若干问题的解释》第 1 条第 1—2 款；

《最高人民法院关于审理道路交通事故损害赔偿案件适用法律若干问题的解释》第 23 条。

分家析产协议中的财产约定能否反悔

　　中国传统的家产传承方式是家庭成员共同生活、共同创造财富，当一个较大的家庭拟拆分成小家庭时，即产生了家庭共有财产的分割问题，由此引发的纠纷称为分家析产纠纷。在处理分家析产纠纷时，应把家庭共有财产与家庭成员共同生活期间的个人财产严格区分，把家庭成员对家庭共有财产的分割与家庭成员之间的财产赠与严格区分。同时，应明确分家析产协议不应适用《民法典》合同编的相关规定，而应适用《民法典》"物权编""婚姻家庭编""继承编"和"总则编"中关于民事责任的相关规定。

一、案例简介

（一）基本案情

　　2005年9月6日，宋某与其妻子牛某某经青岛市市南区人民法院调解离婚，调解书载明："二、共同财产已分清，个人衣物用品归个人所有。"

　　2008年10月13日，宋某与案外人某置地有限公司签订商品房预售合同，购买闽江路房屋，房屋总价为1255704.86元。宋某分别于2008年10月13日、2008年10月21日、2011年3月10日，向该公司转账合计1255704.86元。其后，宋某申请将上述房屋落户至其名下。

　　2016年11月28日，宋某与宋某1、宋某2及宋某3签订

《家庭财产分析决定》，该决定载明：……牛某某……已仙逝……本权益人（宋某）和妻子（牛某某）勤俭持家、任劳任怨、恩爱一生，感情十分和睦，家庭团结和睦。所有财产都是本人和老伴俩苦心经营所得。财产系我俩共同所有。本财产分析决定也是老伴生前意愿作出的决定。……闽江路×××号房屋归宋某2所有……。宋某2、宋某、宋某1及宋某3均在该决定上签字。

2021年2月2日，宋某与宋某1签订赠与协议，将其名下位于闽江路的房屋赠与宋某1，并于当日将上述房屋过户至宋某1名下。

2022年初，宋某2及宋某3起诉至法院请求依法确认宋某将闽江路房屋赠与宋某1的行为无效。[1]

（二）法院裁决

一审法院认为，宋某2及宋某3提供的相关证据均在2011年宋某购买房屋后形成，且不论证据是否属实，即使宋某2及宋某3所述属实，其是否将家庭共同收入交由宋某与宋某购买涉案房屋的事实不属于同一法律关系。因此，涉案房屋应为宋某个人财产。《家庭财产分析决定》体现了宋某分家的意思表示，根据分家时的财产性质，本案涉案房产属于赠与型分家，在赠与财产权利转移前，分家人宋某（赠与人）享有任意撤销权。宋某将其个人所有的涉案房屋赠与宋某1，是其真实意思表示；过户至宋某1名下，意味着赠与行为的完成。原告诉请上述赠与行为无效，无事实和法律依据，不予支持。原告不服一审判决，提起上诉。

二审法院认为，不动产权属证书是权利人享有该不动产物权的证明，在诉讼中具有权利推定的证明效力，但当事人有证据证

---

[1] 详可参见山东省青岛市中级人民法院（2022）鲁02民终7302号民事判决书。

明不动产权属证书记载的内容与真实权利状态不一致时，应当依法确认该不动产的实际权利状态。本案诉争房屋虽登记在宋某名下，但宋某2、宋某3对该房屋的权属持有异议。而要确定该房屋的权属，则应依据当事人的真实意思表示、购房款来源及性质等因素综合认定。

首先，诉争房屋购买于宋某与牛某某离婚之后，双方离婚调解书虽载明共同财产已分清，但未明确具体财产及如何分割。结合双方离婚后仍共同生活，闽江路房屋物权变动的基础法律关系为继承和赠与的事实，足以证明宋某与牛某某离婚后夫妻共同财产并未实际分割，二人同居期间的个人财产及共同经营所得与夫妻共同财产混同。在无法区分份额的情况下，宋某支付的购房款不能认定系宋某的个人财产。其次，宋某作为登记权利人，在《家庭财产分析决定》中明确可诉争房屋属于其与牛某某的夫妻共同财产。宋某1、宋某2、宋某3均在《家庭财产分析决定》上签字，可见登记权利人和利害关系人对诉争房屋的实际权利人为宋某和牛某某的事实并无异议。据此，诉争房屋虽登记在宋某名下，但实际应为宋某与牛某某的共有财产。牛某某死亡后，诉争房屋发生法定继承，由宋某与宋某2、宋某3、宋某1共同共有。宋某未经其他共有人同意，无权单独处分诉争房屋。最后，涉案《家庭财产分析决定》系各方当事人的真实意思表示，不违反法律法规的强制性规定及公序良俗，应为合法有效，各方均应按照协议约定全面履行义务。《家庭财产分析决定》中对相关财产的分割涉及遗产继承、共有财产析产、赠与等多方面内容，构成一个整体，不能将部分处分内容单独割裂开来。协议中诉争房屋归属条款与其他财产约定互为前提和条件，各方当事人对各自财产的取得互享权利、互负义务，明显不符合赠与合同的无偿性特征，不适用赠与合同的任意撤销权。据此，在宋某依约放弃闽江路×××号房屋的应继承份额、协议已经开始履行的情况下，宋某撤销该协议并将诉争房屋另行处分给宋某1的行为于法无据，最终二审撤销一审判决，改判赠与协议无效。后本案经再审，维持二审判决。

二、以案说法

本案的争议焦点主要有二：其一，涉案房屋是否属于夫妻共同财产；其二，分家析产协议中的赠与行为在赠与财产转移前能否撤销。

（一）涉案房屋是否属于夫妻共同财产

本案中，宋某与其妻调解离婚时，虽约定"共同财产已分清"，但并无证据证明双方对涉案房屋及共同财产进行了分割。诉争房屋虽购于离婚后，但基于二人离婚时并未对共有财产进行实际分割，二人财产仍处于共有状态，故通过宋某银行账户支付的购房款不能认定为个人出资。且根据《家庭财产分析决定》也能看出包括宋某本人在内的家庭成员均认可涉案房屋系共同财产。

（二）对分家析产协议中的财产约定能否反悔

首先，《民法典》第301条规定："处分共有的不动产或者动产以及对共有的不动产或者动产作重大修缮、变更性质或者用途的，应当经占份额三分之二以上的按份共有人或者全体共同共有人同意，但是共有人之间另有约定的除外。"牛某某去世后，家庭成员已经对涉案家庭共有财产进行了共同处分，未经全体共同共有人同意，宋某无权处分涉案房屋。

其次，《家庭财产分析决定》的性质属于分家析产协议，分家析产协议系家庭成员之间订立的，具有一定身份、人格关系的协议，家庭成员结合各自对家庭贡献、对老人的赡养、互相扶助等整体情况对共同财产分割、共同债务清偿等作出整体约定。故分家析产协议不应适用《民法典》合同编的相关规定，而应适用《民法典》"物权编""婚姻家庭编""继承编"和"总则编"中关于民事责任的相关规定。

再次，从协议的整体性来看，协议各部分互为前提、互为结果，构成了一个整体，是一揽子的解决方案。如果允许当事人反悔，就部分财产重新分配，那么分家析产协议的"整体性"将被破坏，在其他财产已分配完毕且部分履行完毕的情况下，允许财产分配有违诚实信用。

综上，宋某无权反悔。

三、专家建议

家庭成员之间签署分家析产协议后，应尽快办理权属变更，避免真实权利状态与公示的权利状态不一致的情况长期存在而引发争议。另，如分家析产协议系考虑到家庭成员对于共同财产的贡献、对老人的赡养以及长期共同生活的扶助等综合情况对财产进行的分割，应将协议订立的背景、分割财产考虑的因素等在协议中一并载明，避免司法实践中发生将分家析产协议中的财产分割视为赠与从而适用《民法典》合同编进行裁判的风险发生。

四、关联法条

《民法典》第 143 条、第 301 条。

隔代能否行使探望权

《民法典》虽然未对"隔代探望权"作出明确规定，但是按照我国的风俗习惯，隔代近亲属在一定程度上替代子女履行抚养义务的情况普遍存在。在离婚案件中，法官也会将婚姻关系存续期间（外）祖父母对于（外）孙子女的抚养照顾情况作为参考因素，本着对未成年人身心发展有利的原则对抚养权归属进行判断。故，在中国特有的亲缘关系中，处理好隔代亲缘关系，对于未成年人、老年人合法权益的保护均具有积极意义。那么，隔代能否行使探望权？在何种情况下法院会支持隔代探望权呢？了解这些问题有助于明确隔代探望权的适用规则，从而构建情法兼顾的探望权制度规范体系。

一、案例简介

（一）基本案情

原告马某臣、段某娥系马某豪父母。被告于某艳与马某豪原系夫妻关系，两人于2018年2月14日办理结婚登记，后育女儿马某。2019年8月14日，马某豪在工作时因电击意外去世。目前，马某一直随被告于某艳共同生活。原告因探望孙女马某与被告发生矛盾，协商未果，现诉至法院，请求判令：每周五下午六点原告从被告处将马某接走，周日下午六点被告将马某从原告处接回；寒暑假由原告陪伴马某。①

---

① 详可参见最高人民法院《人民法院贯彻实施民法典典型案例（第二批）》之十一：马某臣、段某娥诉于某艳探望权纠纷案。

（二）法院裁决

法院裁判认为，马某臣、段某娥夫妇老年痛失独子，要求探望孙女是人之常情，符合民法典立法精神。马某臣、段某娥夫妇探望孙女，既可缓解老人丧子之痛，也能使孙女从老人处得到关爱，有利于其健康成长。若一概否定（外）祖父母对（外）孙子女的探望权，不符合公序良俗。因此，对于马某臣、段某娥要求探望孙女的诉求，人民法院予以支持。遵循有利于未成年人成长原则，综合考虑马某的年龄、居住情况及双方家庭关系等因素，判决：马某臣、段某娥对马某享有探望权，每月探望两次，每次不超过五个小时，于某艳可在场陪同或予以协助。

二、以案说法

在规范层面，我国《民法典》并未明确规定隔代探望权，故法官无法直接援引法律规则进行裁判。关于隔代探望权，《民法典（草案）》历经三审，最终取消隔代探望权的规定。具体情况见下表：

《民法典》婚姻家庭篇（草案）	一审稿	二审稿	三审稿
具体规定	父母离婚后，祖父母、外祖父母探望孙子女、外孙子女的，参照适用父母探望子女的有关规定	父母离婚后，（外）祖父母如果尽了抚养义务或者（外）孙子女的父或母一方死亡的，参照适用父母探望子女的有关规定	删除
变化	扩大探望权适用范围，赋予"隔代探望权"	限制行使情形，附条件"隔代探望权"	删除

通过上表可以看出，隔代探望权经过三审，逐渐式微，直至在三审稿中删除，宪法和法律委员会给出的解释为："鉴于目前

各方面对此尚未达成共识，可以考虑暂不在《民法典》中规定祖父母、外祖父母进行隔代探望，如与直接抚养子女的一方不能协商一致，可以通过诉讼由人民法院根据具体情况加以解决。"综上，针对隔代探望权问题，《民法典》虽未规定，但同样未禁止。《民法典》第10条明确了处理民事纠纷的依据。按照我国风俗习惯，隔代近亲属探望（外）孙子女符合社会广泛认可的人伦情理，不违背公序良俗。本案依法支持原告探望孙女的诉讼请求，符合《民法典》立法目的和弘扬社会主义核心价值观的要求，对保障未成年人身心健康成长和维护老年人合法权益具有积极意义。

认为对隔代探望权应予以支持的主要原因如下：首先，探望权的权利来源为亲权。（外）祖父母作为（外）孙子女的直系血亲，对（外）孙子女享有亲属关系上的权利义务，特定情形下，还要承担抚养义务。在亲权无法实现的情况下对（外）孙子女的探望可以视为对亲权的补充，故从权利来源上，隔代探望权具有正当性。其次，父母一方去世，未成年人已蒙受巨大伤害的情况下，支持探望权有助于未成年人利益保护，支持隔代探望权具有必要性。最后，"老有所终，幼有所养"符合传统道德思想和公序良俗角度，支持隔代探望权具有合理性。

目前司法实践中，法院支持隔代探望权的案例主要集中在父母一方死亡的情形或者祖父母、外祖父母对孙子女、外孙子女尽了抚养义务的情形。在这种情况下，行使隔代探望权能在一定程度上弥补逝者在子女关爱上的缺位，保护未成年孙子女的身心健康及情感需要，对孙子女的教育、情感维系起到积极的作用，更符合探望权的伦理价值取向和社会善良风俗。

司法实践中一般认为，隔代探望权也不可轻易扩大适用。若直接赋予祖父母、外祖父母对孙子女、外孙子女探望权，可能会加重直接抚养子女一方的责任，不仅需要配合不直接抚养子女一方行使探望权，还需要配合祖父母或外祖父母进行探望，可能影响抚养子女一方的监护权及正常生活。

三、专家建议

面对此类纠纷，主张行使隔代探望权的当事人，应注意保留祖父母、外祖父母对未成年孙子女、外孙子女尽了抚养义务、子女死亡或因客观原因无法行使探望权（例如行为能力受限、长期在国外居住等情况）或直接抚养子女一方无正当理由故意阻止祖孙相见的相关证据，以证明行使隔代探望权具有正当性和合理性。

四、关联法条

《民法典》第 10 条、第 1058 条、第 1084 条、第 1086 条；
最高人民法院《第八次全国法院民事审判工作会议（民事部分）纪要》。

婚内被剥夺监护权时如何维权

近年来，"抢孩子"事件在婚姻关系存续期间屡见不鲜，甚至在离婚纠纷案件审判过程中，当事人为了在抚养权的争夺中占据优势地位也会出现"抢孩子"的行为。长期以来，公安机关习惯将"抢孩子"作为家庭内部纠纷以当事人自行协商的方式进行处理，但实际上因夫妻感情不和长期分居或一方将孩子带到外地或出国等情况下，监护权长期无法行使，给当事人造成精神上的重大伤害，未成年人利益也无法保障。另外，实践中还存在通过"抢孩子"在财产争夺中议价或者利用人身无法强制执行的特点试图影响法官抚养权裁判的违法行为。本案作为国内首例婚内监护权胜诉案件，法院适用《中华人民共和国未成年人保护法》（以下简称《未成年人保护法》）最有利于未成年人保护原则出发，明确了司法实践保护婚内监护权的态度，对社会公众合法行使权利进行正向引导，同时也注意对双方监护权给予平等保护，并且鼓励双方和平协商解决家庭纠纷。

一、案例简介

（一）基本案情

张女士和李先生于 2019 年登记结婚，2020 年 11 月生育一女李某。二人婚后因婆媳关系不和等争吵不断，2021 年 4 月 18 日，双方开始分居。分居后，女儿随张女士共同生活。2021 年 7 月 7

日，张女士的母亲带孩子遛弯，丈夫一家追上表示要带孩子去买吃的，然后就抱着孩子一去不归。李先生不接电话，婆婆刘女士将张女士的微信拉黑。张女士称从 2021 年 8 月至 2022 年 4 月，其几乎每天联系李先生，询问何时能看到孩子，但基本得不到回复。孩子被抱走后，张女士尝试了很多途径：张女士及时申请了人身安全保护令，要求李先生将孩子送回，禁止其在离婚诉讼期间与女儿接触，但申请被驳回；同时，张女士提起了离婚诉讼，想通过离婚获得孩子抚养权，但李先生坚决不同意，第一次起诉法院未准予离婚。之后，张女士又提起了婚内监护权纠纷诉讼，认为李先生侵犯了她对女儿的监护权，要求李先生及其母亲将女儿送回。[①]

（二）法院裁决

一审法院认为，虽然张女士提供了聊天记录截图、通话录音、报警记录等，但没有证据证实李先生未抚养、保护好孩子。故于 2022 年 3 月判决驳回张女士的诉讼请求。张女士难以接受这一判决结果，故提起上诉。

二审法院认为，本案中，被上诉人李先生、刘女士擅自将尚在母乳喂养期的婚生女径行接走并拒绝将孩子送回母亲身边，直接导致孩子被迫中断母乳、上诉人张女士与孩子母女不得相见。被上诉人的上述行为并未从保护未成年人身心健康发展的角度考虑，而是出于对自己情感需求的满足，以爱之名剥夺了孩子享有母爱的权利。从妇女权益保障角度看，上诉人张女士与被上诉人李先生作为婚生女李某的父母，同样享有法律规定的监护权。被上诉人李先生未经夫妻双方协商一致擅自将婚生女带走藏匿，致

[①] 详可参见（2022）冀 06 民终 3941 号民事判决书。

使上诉人张女士长期不能探望孩子，被上诉人的行为不仅对未成年子女的身心健康发展造成损害，也是对上诉人张女士等监护权的不当侵害。据此，被上诉人的行为违反了"最有利于未成年人"、保障妇女权益以及平等行使监护权的原则，最终撤销一审判决，要求被上诉人于判决生效后五日内将上诉人张女士与被上诉人李先生的婚生女李某送交上诉人，婚生女李某暂由上诉人张女士直接抚养并判令李先生具有探望权。

二、以案说法

此案涉及的是婚姻关系存续期间夫妻双方分居后子女监护权保护问题，《民法典》第 1086 条规定，只有离婚后不直接抚养子女的父或者母有探望子女的权利，另一方有协助的义务。但对于婚内监护权的行使没有明确具体规定，导致保护力度很弱，处于司法真空地带。

实践中，对于这种情况裁判尺度并不统一，有的法院认为在婚姻关系存续期间，父母并不具备单独起诉婚内监护权及探望权纠纷的条件，对此类纠纷驳回起诉或驳回诉请。事实上，《民法典》第 1058 条规定夫妻双方平等享有对未成年子女抚养、教育和保护的权利，共同承担对未成年子女抚养、教育和保护的义务。"抢孩子"行为剥夺了一方在婚内对孩子的抚养、教育权利，当然具有"诉的利益"，法院应该受理。事实上，我国以立法形式确定了离婚后的探望权，是因为父母婚姻破裂导致父母子女关系被强制割裂，父母一方必然不能直接抚养、教育和监护子女，因此立法必须对离婚后父母子女间的权利义务作出明确规定，以弥合亲子关系、最大程度地降低婚姻解体给子女造成的次生伤害。但如婚内已出现跟上述结果程度相当或相近的一方无法抚养、教育和监护子女的情况，例如本案两岁以内的幼儿断奶、与母亲长期不能见面的情形，法院当然应从监护权制度设置的初衷出发，保护婚内监护权的行使。

另，从法律原则的角度讲，"抢孩子"行为将未成年人作为筹码，破坏其已形成的生活、教育环境，将亲情直接割裂，对未成年人及另一方造成巨大的精神伤害。如果对此行为不加以制止，也不符合民事法律原则，不利于善良风俗的形成。故，从维护公序良俗的角度讲，法院也应该对此行为给予否定评价。

本案法官通过援引《未成年人保护法》和《妇女权益保障法》，从有利于未成年人身心健康发展、保护妇女享有平等监护权的角度出发，对"抢孩子"行为作出了否定评价，判令恢复之前的抚养监护状态，并同时判令不直接抚养孩子的一方具有探望权，为婚内监护权、探望权的保护提供了新的审判思路，具有很好的示范效果。

另，如在离婚纠纷中查明当事人靠"抢孩子"等手段取得孩子事实抚养权的，因前提基础违法而形成的抚养事实应予否定性评价，即对于通过非法手段抢夺、隐藏未成年人，又在后续诉讼中以共同生活的既成事实作为主张或者抗辩理由的，人民法院应当根据当事人行为性质，对其主张或者抗辩不予支持。如在诉讼过程中发生，应对妨碍司法的行为作出处罚。

三、专家建议

当事人双方在处理抚养、监护等问题时应冷静、克制，本着利于未成年人身心健康发展的原则，理性、平和处理婚姻纠纷。如在婚内遇到监护权被侵害的情况，当事人除提起诉讼外，还应注意留存对方抢夺孩子、阻碍探视、设置障碍、拉黑联系方式等的证据。另，除诉讼方式外，近年来越来越多的申请人格权禁令被支持的案例涌现，故也可以尝试用人格权禁令方式解决问题。

四、关联法条

《民法典》第 1058 条、第 1084 条、第 1086 条第 1 款；

《未成年人保护法》第 4 条；

《妇女权益保障法》第 49 条。

如何撤销监护人资格

监护人怠于履行监护职责会对被监护人身心健康及财产权益等造成严重影响。在特定情况下，法律规定有关组织、个人可以申请撤销监护人资格并指定其他人作为监护人以改善被监护人生活境遇、维护其合法权益。《民法典》扩大了监护人的范围，进一步严格了监护责任并对撤销监护人资格的情形作出了明确规定。

一、案例简介

（一）基本案情

2021年3月14日3时许，张某柔在吉林省梅河口市某烧烤店内生育一女婴（非婚生，暂无法确认生父），随后将女婴遗弃在梅河口市某村露天垃圾箱内。当日9时30分许，女婴被群众发现并报案，梅河口市公安局民警将女婴送至医院抢救治疗。2021年3月21日，女婴出院并被梅河口市儿童福利院抚养至今，取名"党心"（化名）。张某柔因犯遗弃罪，被判刑。目前，张某柔仍不履行抚养义务，其近亲属亦无抚养意愿。梅河口市儿童福利院申请撤销张某柔监护人资格，并申请由该福利院作为党心的监护人。梅河口市人民检察院出庭支持梅河口市儿童福利院的申请。①

---

① 详可参见最高人民法院《人民法院贯彻实施民法典典型案例（第一批）》之二：梅河口市儿童福利院与张某柔申请撤销监护人资格案民事判决书。

（二）法院裁决

法院经审理认为：父母是未成年子女的法定监护人，有保护被监护人的身体健康、照顾被监护人的生活、管理和保护被监护人的财产等义务。张某柔的遗弃行为严重损害了被监护人的身心健康和合法权益，依照《民法典》第36条规定，其监护人资格应当予以撤销。梅河口市儿童福利院作为为全市孤儿和残疾儿童提供社会服务的机构，能够解决党心的教育、医疗、心理疏导等一系列问题。从对未成年人特殊、优先保护原则和未成年人最大利益原则出发，由梅河口市儿童福利院作为党心的监护人，更有利于保护其生活、受教育、医疗保障等权利，故指定梅河口市儿童福利院为党心的监护人。

二、以案说法

本案监护人遗弃被监护人被判遗弃罪，当地儿童福利院申请撤销监护人资格，最终法院判决撤销监护人资格并指定福利院作为监护人。监护人的职责是代理被监护人实施民事法律行为，保护被监护人的人身权利、财产权利以及其他合法权益等。对未成年人的监护权问题，应当根据未成年人的实际情况，从有利于未成年人身心健康、保障未成年人生活、教育、发展的立场出发，结合监护人的监护能力和监护条件等具体情况妥善解决。在现有监护人不履行或者不能履行监护职责的情况下，允许撤销、变更监护人，有利于促进未成年人权益保障，同时对不履行监护职责的监护人作出否定评价，也有利于督促监护人履行法定职责。如监护人被人民法院撤销监护人资格后，除对被监护人实施故意犯罪的外，确有悔改表现的，经其申请，人民法院可以在尊重被监护人真实意愿的前提下，视情况恢复其监护人资格，人民法院指定的监护人与被监护人的监护关系同时终止。

此外，监护权撤销后，父母、子女、配偶间继续承担抚养费、赡养费、扶养费等费用的义务并不免除。上述人员除监护关系外，还有着更为亲密的人身关系，只要人身关系仍旧存在，就应负担相应的费用。父母、子女及配偶与被监护人之间赡养、抚养等义务独立存在，不因监护权的消失而取消。

（一）撤销监护权有哪些法定事由

一旦被撤销监护权将对被监护人的生活环境、财产处分等发生重大的影响，故对于监护人怠于履行监护职责的一般情节，不会产生撤销监护权的法律后果。例如，对于父母或者其他监护人存在监护教育不当或失管失教问题，尚未导致未成年人行为偏差或遭受侵害后果的，不会作出撤销监护权的否定评价。只有在监护人怠于行使监护权，对被监护人造成重大影响时，才能满足撤销监护权的法定事由。

《民法典》概括性地列举了三种情形：一是实施了严重损害被监护人身心健康的行为，例如，监护人性侵害、遗弃、虐待、暴力伤害被监护人等。二是怠于履行监护职责，或者无法履行监护职责且拒绝将监护职责部分或者全部委托给他人，导致被监护人处于危困状态。例如，监护人有吸毒、酗酒、赌博等恶习不照料被监护人，或者不履行监护义务使被监护人处于流离失所、无法接受义务教育等危困状态。三是实施严重侵害被监护人合法权益的其他行为。这属于兜底性条款，主要是指教唆、利用未成年人实施犯罪，胁迫、诱骗、利用未成年人乞讨等严重危害未成年人身心健康的行为。或者监护人滥用财产管理权，为自己的利益（目的）处分被监护人财产，导致被监护人的财产权益受严重侵害的行为。另，《最高人民法院、最高人民检察院、公安部、民政部关于依法处理监护人侵害未成年人权益行为若干问题的意见》第35条规定了监护人侵害未成年人权益的七种情形，实践中可以参照上述意见理解撤销监护权法定情形的具体含义。

（二）哪些主体有权向人民法院申请撤销监护人资格

根据《民法典》规定，其他依法具有监护资格的人、居民委员会、村民委员会、学校、医疗机构、妇女联合会、残疾人联合会、未成年人保护组织、依法设立的老年人组织、民政部门等均可向人民法院申请撤销监护。前述主体未及时向人民法院申请撤销监护人资格的，民政部门应当向人民法院申请。

三、专家建议

在满足撤销监护的法定情形时，被监护人大多已经处于危困状态。故有权向人民法院申请撤销监护的主体，应第一时间收集出警记录、就医记录、对被监护人存在故意犯罪行为、监护人恶意转移或处置被监护人财产、出生后因监护人怠于履行职责一直未能上户口、在法定年龄未能接受义务教育等证据以证明的确满足撤销监护条件，避免被监护人情况持续恶化。

四、关联法条

《民法典》第32条、第36条；

《最高人民法院、最高人民检察院、公安部、民政部关于依法处理监护人侵害未成年人权益行为若干问题的意见》第27条、第35条。

养育母亲可否获得代孕子女监护权

作为生物技术的最新成果，代孕的出现一方面解决了无子人群的生育难题，另一方面对传统伦理道德、现代法律制度造成巨大的冲击。我国法律尚未承认代孕行为的合法性，对于代孕问题引起的相应纠纷尚缺少法律规定，但基于代孕产生的代孕合同纠纷、抚养权及监护权等纠纷数量越来越多。下面，我们将探讨代孕所生子女的法律地位及亲子关系认定问题。

一、案例简介

（一）基本案情

罗某、谢某系夫妻，罗新（化名）系两人之子。罗新与陈某于 2007 年 4 月 28 日登记结婚。双方均系再婚，再婚前，罗新已育有一子一女，陈某未曾生育。婚后，罗新与陈某通过购买他人卵子，并由罗新提供精子，采用体外受精 – 胚胎移植技术，出资委托其他女性代某于 2011 年 2 月 13 日生育一对异卵双胞胎。两名孩子出生后随罗新、陈某共同生活，2014 年 2 月 7 日罗新因病去世后则随陈某共同生活至今。审理中，罗某、谢某提供了其在美国的女儿女婿出具的同意代为抚养孩子的承诺书。经司法鉴定，不排除罗某、谢某与两名孩子之间存在祖孙亲缘关系，排除陈某为两名孩子的生物学母亲。①

（二）法院裁决

一审法院认为，根据司法鉴定意见书，排除陈某为两名孩子的生物学母亲，双方不存在自然血亲关系。原卫生部的《人类辅助生殖技术管理办法》第3条明确规定禁止代孕，本案中罗新与陈某系在婚姻关系存续期间通过买卖卵子、委托第三方代某的方式生育子女，陈某既非卵子提供者，又非分娩之孕母，其请求认定以买卖卵子、代孕方式生育之子女为其婚生子女的主张，法院不予支持。婚姻法确认的拟制血亲包括养父母子女关系和继父母子女关系，养父母子女关系的形成应当符合法律规定的条件并办理收养登记手续。本案中，陈某与两名孩子之间因欠缺法定的必备要件而不能成立合法的收养关系。拟制血亲关系必须依据法律规定加以认定，对于代孕过程中产生的基因母亲、孕生母亲、养育母亲各异的情况，养育母亲是否构成拟制血亲法律并无规定，亦不符合现行法律规定的拟制血亲条件。代孕行为本身不具合法性，难以认定因此种行为获得对孩子的抚养机会后双方可以形成拟制血亲关系，故认定陈某与两名孩子之间不存在拟制血亲关系。最终判决支持了罗某、谢某的诉讼请求。陈某不服一审判决，提起上诉。

二审法院经审理认为，根据法律规定，非婚生子女与婚生子女享有同等权利，故继父母子女关系的子女范围亦应包括非婚生子女。《民法典》第1072条第2款关于有抚养关系的继父母子女关系的规定，系以是否存在抚养教育之事实作为拟制血亲形成与否的衡量标准。根据上述规定，其形成应同时具备两个条件：一

---

① 详可参见上海市第一中级人民法院（2015）沪一中少民终字第56号民事判决书。

是双方以父母子女身份相待的主观意愿；二是抚养教育之事实行为。缔结婚姻之后一方的非婚生子女，如果作为非生父母的一方具备了上述主观意愿和事实行为两个条件的，亦可形成有抚养关系的继父母子女关系。本案中，陈某存在抚养其丈夫罗某非婚生子女的事实行为，且已完全将两名孩子视为自己的子女，故应认定双方之间已形成有抚养关系的继父母子女关系。罗某、谢某作为祖父母，监护顺序在陈某之后，最终撤销一审法院之判决，改判驳回罗某、谢某的原审诉请。

二、以案说法

本案的争议焦点主要有二：其一，代某所生的两名孩子是否可视为陈某与罗新的婚生子女；其二，陈某与其是否形成拟制血亲关系。

（一）代孕所生的子女是否为婚生子女

根据原卫生部发布的《人类辅助生殖技术管理办法》第3条规定："人类辅助生殖技术的应用应当在医疗机构中进行，以医疗为目的，并符合国家计划生育政策、伦理原则和有关法律规定。禁止以任何形式买卖配子、合子、胚胎。医疗机构和医务人员不得实施任何形式的代孕技术。"我国法律及司法判例一直对于代孕这种将女性子宫作为商品、将婴儿作为标的物的行为持否定态度。出现代孕纠纷，法院一般都会以有违公序良俗、以合法形式掩饰非法目的、违反法律禁止性规定等为由，将代孕合同认定为无效合同。但代孕所生子女的法律地位如何呢？我国对亲子关系的认定，生母根据"分娩者为母"原则，代孕子女其法律上的亲生母亲应认定为代孕者；关于生父的认定，则为具有血缘关系的父亲。故因其亲生父亲与代孕者之间一般不具有合法的婚姻关系，故所生子女当属非婚生子女。

（二）代孕子女与非血亲母亲是否形成拟制血亲关系

代孕子女与非血亲母亲的法律关系应取决于其与非血亲母亲与亲生父亲是否存在合法婚姻关系。如同居关系的女方与男方协商一致由第三方代孕，代孕所生的子女与男方具有血缘关系，但与女方既没有生物学上的血缘关系，又非分娩母亲，且因未与男方存在婚姻关系继而不存在拟制血亲关系，因而女方与代孕子女不存在法律上的亲子关系。

但代孕子女如与男方存在合法血缘关系，如本案情况，则应以是否存在抚养教育之事实作为衡量标准。根据上述规定，有抚养关系的继父母子女关系的成立应具备两个条件：一是主观意愿；二是事实行为。故，如父亲未经妻子同意单方面委托第三方代孕，妻子并不存在抚养继子女的主观意愿，故并不成立继父母子女关系。如夫妻二人共同协商委托第三方代孕，因具有成立父母子女关系的主观意愿，同时又具备事实行为，故应认定成立继父母子女关系。

三、专家建议

就代孕引发的抚养、监护权纠纷，目前因法律无明确规定，司法裁判中争议较大。整体来看，法官仍倾向于从现有婚姻制度、拟制血亲关系的成立条件以及有利于保护未成年人合法权益的角度去解释代孕子女与非血亲母亲之间的法律关系，并综合考虑监护人的监护能力、生活环境、与子女的情感维系、隔代教育等问题确立监护关系。但在实践中，因法律规定并不明确，司法裁判尺度并不统一、争议较大，故无论如何都应避免采取此种方式。

四、关联法条

《民法典》第 27 条、第 1072 条;

《人类辅助生殖技术管理办法》第 3 条。

探望权如何强制执行

探望权的强制执行，一直是司法实践中困扰法院的问题之一。探望权执行具有反复性与长期性，执行过程中往往是利益和情感的博弈。根据《民法典》第 1086 条等相关规定，离婚后，不直接抚养子女的父或者母，有探望子女的权利，另一方有协助的义务。但因人身不具有强制执行性，故即便申请强制执行，仅能针对不配合探望的一方采取执行措施，但不能对子女的人身、探望行为进行强制执行，所以探望权的强制执行一直是司法实践中的难题。

一、案例简介

（一）基本案情

关于任某某（男）与邓某某（女）离婚纠纷一案，（2015）穗黄法民一初字第 292 号民事调解书已发生法律效力。该民事调解书中第三项确定：任某某在不影响婚生女儿任某 1 正常学习、生活的情况下，每月可探视婚生女儿任某 1 不少于两次，邓某某应予配合。寒、暑假期间，任某某可带孩子任某 1 同住各一周左右的时间。由于义务人邓某某未自觉履行生效法律文书确定的义务，任某某向本院申请执行，本院已于 2016 年 5 月 17 日依法立案执行。

在执行过程中，法院前往被执行人邓某某的户籍地址调查，发现上述房屋产权已经变更，被执行人邓某某不在此居住，未能查找到被执行人邓某某的下落。法院于 2016 年 9 月 17 日以被执行人邓某某涉嫌拒不执行判决罪移送广州市公安局黄埔区分局刑事警察大队，广州市公安局黄埔区分局刑事警察大队已经立案。[①]

（二）法院裁决

（2015）穗黄法民一初字第 292 号民事调解书已发生法律效力，义务人邓某某应严格履行生效法律文书确定的义务。因被执行人邓某某拒不履行发生法律效力的判决、裁定，本院已经以其涉嫌拒不执行判决罪移送广州市公安局黄埔分局侦办，广州市公安局黄埔分局已受理。另依照《最高人民法院关于适用〈中华人民共和国婚姻法〉若干问题的解释（一）》第 32 条关于"对拒不执行有关探望子女等判决和裁定的，由人民法院强制执行的规定，是指对拒不履行协助另一方行使探望权的有关个人和单位采取拘留、罚款等强制措施，不能对子女人身、探望行为进行强制执行"的规定，本案探视权的执行，因被执行人邓某某藏匿且拒不履行致使申请人任某某一方暂无法行使探视权。本院已穷尽执行措施，本案暂不具备继续强制执行的条件。综上所述，依照《中华人民共和国民事诉讼法》（以下简称《民事诉讼法》）第 154 条第 1 款第 11 项之规定，裁定终结本次执行。

二、以案说法

本案充分体现了探望权执行难的窘境，法院已经对被执行人采取了最严厉的方式——拒执罪进行处罚，但因未能找到子女，且人身不具有强制执行性，最终只能终结执行，待有新的线索可恢复执行。另，本案执行效果并不好，监护人被以拒执罪移送，

[①] 详可参见（2016）粤 0112 执 1494 号民事裁定书。

监护权无法行使，未成年人生活及家庭声誉等均受到严重影响，法律效果及社会效果均未能实现。

目前，在探望权的执行中，人民法院常用到的执行措施包括：（1）将被执行人列入限高、失信名单。（2）对被执行人拘留、罚款。根据《民法典》第68条，对于拒不协助另一方行使探望权的有关个人或者组织，可以由人民法院依法采取拘留、罚款等强制措施，但是不能对子女的人身、探望行为进行强制执行。（3）以拒执罪将被执行人移送公安机关。

但上述措施的主要问题在于：（1）容易激化矛盾，不利于后续执行。因探望权执行具有长期性，如前序没有做好被执行人的疏导工作，直接采取惩戒措施，会增加日后执行的难度，使执行陷入恶性循环中。（2）以上措施均会不同程度地影响被执行人履行监护权，使未成年人陷于无人监护的境地，与保护未成年人利益的社会道德和法律原则相悖。（3）如以拒执罪移送，甚至可能构成"怠于履行监护职责或者无法履行监护职责且拒绝将监护职责委托他人，导致被监护人处于危困状态"从而满足变更监护权的法定条件，使得监护权处于变动和不确定性中，与探望权制度设立的初衷——保护未成年人的利益相悖。

目前，就探望权的执行，各地人民法院已逐渐摸索更加灵活的执行方式，如"审执结合"，在审判程序中就将探望权的执行问题考虑进去，在做调解工作时就告知当事人应协助对方行使探望权、签署《探望权履行承诺》或在调解书中明确协助义务，并在上述文件中明确罚则（拒不协助另一方行使探望权，人民法院可依法采取拘留、罚款等强制措施，构成犯罪的依法移送公安机关）。

在执行程序中，多采用"刚柔并济"的方法，兼顾申请执行人与未成年人双重利益，以达到最大化各方利益的目的。

目前，实践中较为常用的"柔性"执行方式包括：

（1）引入社会力量，必要时邀请学校、居委会、妇联等单位协助执行，尽量避免未成年人子女在探望权纠纷中受到不必要的伤害。同时，在探望方式上也可邀请第三方力量在旁监督。在执行人与被执行人信任关系薄弱的情况下，此种引入中立第三方的形式有助于打消疑虑、逐步建立互信。

（2）变通探望权实现的方式，采取更加柔性、灵活的探望方式，例如视频探望、不留宿等逗留式探望方式，循序渐进地将探望权行使方式变更为三方均满意的方式。

（3）心理疏导与预处罚通知相结合。对被执行人进行思想教育、心理辅导，引导当事人理性、客观地解决问题，并在施以执行措施之前发送《预处罚通知》，告知当事人法律后果，威慑先行，降低执行阻力。

三、专家建议

作为当事人，在处理探望权争议时应保持理性，充分考虑到未成年人的利益，通过有序行使及协助他人行使探望权，保护未成年人的情感和生活秩序不发生重大变化，避免在家庭破裂的情况下，因探望权不能有序行使对未成年人造成二次伤害。在探望权行使的方式上，应接受法院、第三方机构的建议，方式灵活、循序渐进，逐步建立信任、重建秩序，使探望权可以长久、有序地行使。

四、关联法条

《民法典》第 1086 条；

《最高人民法院关于适用〈中华人民共和国民法典〉婚姻家庭编的解释（一）》第 66 条、第 67 条、第 68 条；

《民事诉讼法》第 114 条。

继承编

分家析产协议与遗嘱矛盾时效力如何判断

分家析产协议是在家庭生活中，为了将大家族分割为小家庭，家庭成员就家庭共有财产协商一致进行分割的协议。遗嘱是指遗嘱人生前按照法律规定的方式对其个人财产进行处分的法律行为。在现实生活中，二者常常出现"名实不符"、前后矛盾的情况，厘清相关法律概念的内涵和生效条件，对于有效处置财产，维护家庭和睦、稳定具有重要意义。

一、案例简介

（一）基本案情

原告刘某1、刘某2与被告刘某3系兄弟关系。原、被告的母亲李某、父亲刘某芳，分别在2009年1月17日和2014年12月5日去世。1995年1月25日，刘某芳购买一处75平方米的土地。后，原、被告与父母共同出资在该地块上建起一处二层房屋。

1996年10月18日，原、被告在父母的主持下进行分家、析产，并签订"刘某芳家中分家情况分单"。"刘某芳家中分家情况分单"载明了经父母及三个儿子充分协商后对房屋、土地、家具等共同财产在原、被告之间进行分配的具体方案，其中第（五）条约定了本案讼争房屋等的分配问题：（1）刘某3其本人意见坚决不要本案讼争房屋、段上鱼塘、塘面果树、一切债务，也不负担父母在世时的生活费、医药费、百年归寿费。（2）刘某3本人意见：房屋投资补回人民币 6000 元整，鱼塘补回人民币 1500 元整，合计 7500 元整。（3）父母、小弟同意刘某 3 其本人意见，一致认为家中拖拉机一台、捷达摩托车一辆作为补偿刘某 3 的产业，永远归刘某 3 所有。（4）刘某 3 退出后，本案讼争房屋相应债务由继承人刘某 1、刘某 2 协商分担。但父母还在世时继承人无权使用本案讼争房屋，所有权由父、母管业，父母不在世后，由两人协商解决。签订分家析产协议后，被告按协议取得了补偿款、拖拉机和摩托车。原告刘某 2 出资加建了第三层房屋，刘某芳之后又投资兴建了第四层。

2014 年 7 月，刘某芳又写下抬头名称为"家族留言人　刘某芳亲手书"的意见书，其主要内容为其夫妻生下三子三女，在分家时已有分单规定分担父亲生活、医药、百年丧葬费、平时母亲生病医药费等事项，但各有不同执行，因此宣布各兄弟手持分家分单取消无效；本案讼争房屋应保留，任何兄弟不得争用及变卖，只可出租；刘某 2 回家可以免费住宿（因第三层是其投资兴建的）。

2014 年 12 月 5 日，刘某芳去世，刘某 1、刘某 2 对本案讼争房屋进行管理、使用。刘某 3 认为，房屋是父亲的，以前刘某 1、刘某 2 托父亲向其借了钱，也写有借条，父亲死后其他人不认账，所以把本案讼争房屋上锁，因此产生纠纷。刘某 1、刘某 2 诉至法院，请求：（1）确认本案讼争房屋的一楼、二楼、四楼房屋使用权人为两原告；（2）三楼的使用权人为原告刘某 2。①

（二）法院裁决

该地人民法院认为：原、被告及其父、母签订的"刘某芳家

---

① 详可参见（2016）粤 1403 民初 588 号民事判决书。

中分家情况分单"，是当事人就家庭共有财产在经过充分协商的情况下自愿达成的分家析产协议，其分家析产的方案不违反法律法规的规定，是合法有效的，对当事人具有法律约束力。该分家析产协议已执行多年，应予以维护。原、被告的父亲刘某芳在分家析产协议执行多年后，又单方写下具有遗嘱性质的意见书，否定分家析产协议的效力，该意见书无效，最终支持原告诉请。

二、以案说法

本案的争议焦点主要有二：其一，"刘某芳家中分家情况分单"属于什么性质的协议；其二，"刘某芳家中分家情况分单"与"家族留言人　父亲刘某芳亲手书"效力如何。

（一）"刘某芳家中分家情况分单"属于什么性质的协议

分家协议在我国广大农村地区十分常见，内容常常涉及家庭财产的分割、共同债务的分担、老人的赡养等多方面问题，实践中常常发生以"分家协议"和"遗嘱"命名，经常出现"名实不符"的情况。分家析产协议一经订立并履行，对家庭成员均产生约束力。一般情况下，当事人不能单方反悔撤销或者变更。而遗嘱自遗嘱人死亡时发生法律效力，但遗嘱人在生前可以撤销、变更自己所立的遗嘱，立有数份遗嘱并内容有相抵的，以最后的遗嘱为准。

本案中，虽也提及父母在世时的财产安排以及"继承人"等遗嘱中常用的概念。但"刘某芳家中分家情况分单"是对家庭整体财产的分配，在所有当事人签字之后即生效，并不以遗嘱人死亡作为生效条件。故"刘某芳家中分家情况分单"在性质上属于分家析产协议。

（二）"刘某芳家中分家情况分单"与"家族留言人 父亲刘某芳亲手书"效力如何。

分家析产协议是基于家庭成员多方共同意思表示合意形成的财产分配协议，因此，分家析产协议的撤销和变更则需要经过各方的协商一致，或者发生法定的可撤销、无效的情形，一人无权撤销或变更家庭成员共同作出的分家析产协议。"刘某芳家中分家情况分单"已生效并执行，而"家族留言人 父亲刘某芳亲手书"拟重新分配财产，根据《民法典》第301条规定："处分共有的不动产或者动产以及对共有的不动产或者动产作重大修缮、变更性质或者用途的，应当经占份额三分之二以上的按份共有人或者全体共同共有人同意，但是共有人之间另有约定的除外。"家庭成员已经对涉案家庭共有财产进行了共同处分，未经全体共同共有人同意，父亲无权重新分割财产，故"家族留言人 父亲刘某芳亲手书"无效。

三、专家建议

区分分家析产协议和遗嘱有着重要意义。当事人在起草分家析产协议时应将家庭共有财产、分家背景、生效条件等内容都列明，并由各方签字，以避免跟遗嘱、赠与、婚内财产约定等法律文件混淆，造成法律风险。在订立遗嘱时，要注意遗嘱形式的要求，且遗嘱内容不得处分他人财物，否则该部分无效。

四、关联法条

《民法典》第143条、第301条。

胎儿是否享有继承权

被继承人死亡时，其尚未出生的子女是否能继承遗产，涉及对其继承能力的判定。对于胎儿是否具有继承能力的问题，理论界存在不同观点。《民法典》规定，自然人的民事权利始于出生，终于死亡，但同时也在特定事项中，将胎儿视为具有民事权利能力人，譬如赋予了胎儿附条件的继承权。

一、案例简介

（一）基本案情

被告周某系原告张某、时某的二儿媳妇，已怀孕七个月有余。被告周某与原告之子张甲于2017年12月7日依法登记结婚。2018年5月25日，张甲因意外死亡，生前未立遗嘱。张甲生前于2017年9月10日购置房产一套，缴纳首付款60703元，办理按揭贷款240000元，每月归还银行按揭贷款1361.27元，婚后还款2600元，2018年5月8日缴纳房屋大修基金13494元。张甲于2017年8月按揭购置小轿车一辆，缴纳首付款20000元，按揭贷款74000元，婚前还款10200元，婚后还款19600元，张甲去世后被告周某用一次性工亡补偿金清偿剩余车款47268元。车辆被原告长子张乙开走。张甲生前于2013年开始缴纳养老保险，至死亡时个人缴纳部分账户余额14939.9元，其中婚后缴纳部分为1373元。张甲于2013年4月开始缴纳住房公积金，公积金账户余额 18373.07 元。原告与被告因遗产继承发生纠纷诉至法院。[①]

（二）法院裁决

一审法院认为，被继承人张甲因意外身亡，生前未立遗嘱，对张甲生前的个人合法财产，应该按照法定继承进行分配。遂判决：（1）被继承人张甲的房产一套、车辆一辆归被告周某所有，剩余房贷 235702.90 元由被告周某偿还；（2）由被告周某向原告张某、时某分割被继承人张甲的遗产 94072.20 元（二原告各分配 47036.10 元）；（3）胎儿预留的份额 47036.10 元由被告周某保管；（4）驳回原告张某、时某的其他诉讼请求。原告不服一审判决，提起上诉。

二审法院经审理查明，被上诉人周某于 2019 年 1 月 11 日产下女婴周甲，二审事实发生变化，应予变更。其余事实与一审认定的事实一致，予以确认。上诉人张某和时某对遗产分配持异议，"只因孩子姓周"，认为周某虚假怀孕骗取遗产，周甲无权继承张甲的遗产。但周甲随母姓符合法律规定，不影响其是张甲婚生女的事实，有权继承父亲张甲的遗产，一审法院给胎儿预留份的处理正确，二审法院将该预留份确定为周甲继承。遂判决如下：（1）维持一审判决第一、二、四项；（2）撤销一审判决第三项：胎儿预留的份额 47036.10 元由被告周某保管；（3）变更一审判决第三项：周甲继承被继承人张甲遗产 47036.10 元，由其母亲周某代为保管。

二、以案说法

本案的争议焦点在于胎儿是否享有继承权。

[①] 详可参见宁夏回族自治区固原市中级人民法院（2019）宁 04 民终 189 号民事判决书。

胎儿是一个特殊的、未来的继承权利主体，在被继承人死亡前就已经存在于母体中。从继承开始后到遗产分割完毕时，胎儿虽然没有出生，成为现实的权利继承主体，但鉴于继承权本质上是一种身份权利，胎儿作为被继承人的亲生子女，为保护其继承利益，应当保留其继承份额。《民法典》第1155条规定了胎儿预留份，即"遗产分割时，应当保留胎儿的继承份额。胎儿娩出时是死体的，保留的份额按照法定继承办理"。

第一，从文义上看，无论是法定继承还是遗嘱继承，在分割遗产时，继承人都应当为胎儿保留继承份额。所谓保留胎儿的继承份额，就是在计算参与遗产分割的人数时，应将胎儿列入计算范围，作为参与分割的一分子，将其应得的遗产划分出来。在法定继承时，如果胎儿在继承人范围和顺序之内，就应当按照法定或者协商确定的原则进行分割。在遗嘱继承时，如果遗嘱中已经明确划定属于受孕胎儿的遗产部分，那么在分割遗产时，应将此部分遗产予以保留。在胎儿为多胞胎的情况下，如果只保留一份继承份额，应从继承人继承的遗产中扣回其他胎儿的继承份额。第二，胎儿出生时为活体的，则为胎儿保留的继承份额由其法定代理人代为保管。胎儿出生后死亡的，则为胎儿保留的继承份额成为其遗产，应由其法定继承人按照法定继承的方式继承。第三，胎儿娩出时是死体的，则为胎儿保留的继承份额仍属于被继承人遗产，应当由被继承人的继承人再行确定份额进行分割。如果没有为胎儿保留份额，则原分割有效。

本案中，张甲死亡时，妻子周某已怀孕七个多月，张甲的遗产除了由父亲张某、母亲时某和妻子周某法定继承以外，还应当为胎儿保留份额。上诉期间，妻子周某顺利产下女儿周甲，周甲依法继承其父亲张甲的遗产，遗产份额由其母亲代管。

三、专家建议

我国虽然允许在存在胎儿的情况下，继承人分割遗产，但为防止继承人之间串通，损害母亲及胎儿的合法权益，特别是存在多胞胎的情况下，在胎儿出生后分割遗产的方法可能更合适。另外，在涉及胎儿继承的案件中，胎儿因尚未出生，不可能保护自己的权利，因此须由其法定代理人代为完成。在胎儿出生后，婴儿可以以当事人的身份出现在诉讼中，其法定代理人可以婴儿的名义代理其诉讼或应诉。

四、关联法条

《民法典》第 13 条、第 16 条、第 20 条、第 1155 条；

《最高人民法院关于适用〈中华人民共和国民法典〉继承编的解释（一）》第 31 条。

非婚生子女的继承权如何认定

在处理继承纠纷的司法实践中，常常会遇到非婚生子女身份的认定问题，特别是被申请方不配合或者被继承人死亡，无法进行亲子鉴定的情况下，如何认定被继承人与非婚生子女之间的亲缘关系就成为解决继承纠纷的重点和难点。

一、案例简介

（一）基本案情

被继承人董1（男）与被告王某（女）系夫妻关系，被告柳某是被继承人董1的母亲，被继承人董1的父亲于2005年10月死亡。柳某夫妇育有子女七人。董1于2017年3月死亡，生前未留有遗嘱。原告张1主张其系被继承人董1与张2的非婚生子，要求法定继承董1遗产，并提交了以下证据：（1）张2住院生育张某时病案首页所留电话与董1电话一致；（2）住院费用清单上患者签字处所签的名字是董1；（3）张1的《新生儿卡介苗接种知情同意书》《接种乙型肝炎疫苗知情同意书》《北京市新生儿耳聋基因筛查知情同意书》《北京市新生儿疾病筛查采血卡》上监护人处均有董1的签字；（4）董1给张1的红包，其中三个红包祝福语上有"爸董1"的字样。经鉴定，上述董1的签名均系董1本人所签，并且张1与董1的亲弟弟董2具有叔侄关系。但是，张1的《出生医学证明》上所登记的父亲为案外人尹某，母亲为张2。尹某与张 2 于 2014 年 5 月 7 日结婚,张 2 于 2014 年 7 月 13 日生下张 1,后张 1 随尹某办理了户籍手续。被告王某认为上述证据仅能证明张 2 与董 1 关系密切,无法证明张 1 与董 1 具有血缘关系,因此不同意张 1 的诉讼请求。[1]

(二)法院裁决

一审法院结合司法鉴定意见书及张 1 提交的其他证据认为,张 1 系董 1 亲生子女的可能性已达到高度的盖然性,因此认定张 1 系董 1 的法定继承人,可以依法继承董 1 的遗产。遂判决:(1)登记在董 1 名下的位于北京市西城区 × 路 × 号院 × 号房屋由王某、柳某、张 1 继承,其中王某占三分之二份额,柳某占六分之一份额,张 1 占六分之一份额;(2)登记在董 1 名下的北京市海淀区 × 路 × 号院 × 号楼 × 门 × 层 × 号房屋由王某、柳某、张 1 继承,其中王某占三分之二份额,柳某占六分之一份额,张 1 占六分之一份额;(3)驳回原告张 1 其他诉讼请求。原告不服一审判决,提起上诉。

二审期间,张 1 提交了其与案外人尹某之间不存在亲子关系的《法医物证鉴定意见书》及《公证书》。二审法院经审理认为,张 1 系董 1 之子的事实达到高度盖然性标准,一审法院认定张 1 系董 1 的合法继承人并无不当。原审判决认定事实清楚,适用法律正确,应予维持。遂判决,驳回上诉,维持原判。

二、以案说法

本案的争议焦点有两个:一是如何认定张 1 与董 1 的亲子关系;二是非婚生子女是否具有法定继承权。

---

[1] 详可参见北京市第二中级人民法院(2021)京 02 民终 4084 号民事判决书。

（一）张1与董1的亲子关系如何认定

第一，司法鉴定意见书证明张1与董1的亲弟弟董2之间具有叔侄关系，该鉴定结论虽然不能排除董1的其他同父母兄弟系张1父亲的可能性，但可以证明董2的同父母兄弟之一应系张1的父亲；第二，张1的母亲张2在医院住院生育张1时，其住院病案、住院费用清单及新生儿注射疫苗的知情同意书中均有董1的签名，经鉴定签名为董1本人所签，可以证明董1在张2住院生育期间为张1办理各种手续并在新生儿监护人处签名；第三，给予张1的红包上的签名"爸董1"经鉴定系董1本人所签；第四，张1亦提交了其与案外人尹某之间不存在亲子关系的《法医物证鉴定意见书》及《公证书》；第五，王某亦未否认张1之母张2与董1曾经关系密切。综上所述，张1系董1之子的事实达到高度盖然性标准，因此可以合法推定二者之间存在亲子关系。

（二）非婚生子女是否具有法定继承权

根据《民法典》第1127条的规定，第一顺位继承人为配偶、子女、父母；本编所称子女，包括婚生子女、非婚生子女、养子女和有扶养关系的继子女。非婚生子女是指没有合法婚姻关系的男女生育的子女。子女对父母遗产的继承权是基于其与父母之间的血缘而非基于其父母之间的婚姻关系而产生的，因此非婚生子女应当与婚生子女一样享有同等的继承权。非婚生子女不仅对其生母的遗产享有继承权，而且只要确定了其生父的身份，无论生父是否认领，对其生父的遗产也享有继承权。本案中，鉴定报告及其他证据充分证明张1与董1之间的亲子关系达到高度盖然性，虽然董1与张1的母亲张2没有婚姻关系，但非婚生子的身份并未影响张1对董1遗产的法定继承权利，因此，张1享有董1名下两套房产的合法继承权。

三、专家建议

缺乏亲子鉴定结论的直接证据并不意味着亲子关系必然成为无法认定的法律事实，只要结合案件其他证据能够达到高度盖然性的标准，仍然可以依法推定非婚生子女与被继承人存在亲子关系。如果申请做亲子鉴定，但被申请方不配合，那么根据《最高人民法院关于〈中华人民共和国民法典〉婚姻家庭编的解释（一）》的相关规定，在当事人一方不配合进行亲子鉴定的情况下，法院虽然不能强制启动鉴定程序，但可以采用推定的方式确认亲子关系的成立。

四、关联法条

《民法典》第 1122 条、第 1123 条、第 1127 条、第 1130 条；

《最高人民法院关于〈中华人民共和国民法典〉婚姻家庭编的解释（一）》第 39 条。

外甥女能否继承舅舅的遗产

常言道，近利勿忘亲。但在现实生活中，我们常常会看到因遗产继承问题，亲人之间大打出手甚至反目成仇的案例。遗产的何去何从不仅成为生者关注的焦点，也成为逝者生前的心病。如果逝者无子无女，其遗产又应当如何处理呢？《民法典》新设立了侄甥代位继承制度，扩大了法定继承人的范围，一方面符合我国民间传统，另一方面有利于保障财产在血缘家族内部的流转，减少产生遗产无人继承的状况，同时促进亲属关系的维系，引导人们重视亲属亲情，从而减少家族矛盾，促进社会和谐。

一、案例简介

（一）基本案情

被继承人苏某泉于 2018 年 3 月死亡，其父母和妻子均先于其死亡，生前未生育和收养子女。苏某泉的姐姐苏某乙先于苏某泉死亡，苏某泉无其他兄弟姐妹。苏某甲系苏某乙的养女。李某田是苏某泉堂姐的儿子，与苏某泉长期共同居住，照料其生活起居。李某禾是李某田的儿子。苏某泉生前未立遗嘱，也未立遗赠扶养协议。上海市徐汇区华泾路某弄某号某室房屋的登记权利人为苏某泉、李某禾，共同共有。苏某泉的梅花牌手表一块及钻戒一枚由李某田保管中。苏某甲起诉请求，依法继承系争房屋中属于被继承人苏某泉的产权份额，及梅花牌手表一块和钻戒一枚。[①]

（二）法院裁决

生效裁判认为，当事人一致确认苏某泉生前未立遗嘱，也未立遗赠扶养协议，故苏某泉的遗产应由其继承人按照法定继承办理。苏某甲系苏某泉姐姐苏某乙的养子女，在苏某乙先于苏某泉死亡且苏某泉的遗产无人继承又无人受遗赠的情况下，根据《最高人民法院关于适用〈中华人民共和国民法典〉时间效力的若干规定》第 14 条，适用《民法典》第 1128 条第 2 款和第 3 款的规定，苏某甲有权作为苏某泉的法定继承人继承苏某泉的遗产。另外，李某田与苏某泉长期共同居住，苏某泉生病在护理院期间的事宜由李某田负责处理，费用由李某田代为支付，苏某泉的丧葬事宜也由李某田操办，相较苏某甲，李某田对苏某泉尽了更多的扶养义务，故李某田作为继承人以外对被继承人扶养较多的人，可以分得适当遗产且可多于苏某甲。对于苏某泉名下争房屋的产权份额和梅花牌手表一块及钻戒一枚，法院考虑到有利于生产生活、便于执行的原则，判归李某田所有并由李某田向苏某甲给付房屋折价款人民币 60 万元。

二、以案说法

本案的争议焦点主要有两个：一是苏某甲是否有资格继承苏某泉的遗产；二是苏某甲与李某田之间应如何分配遗产。

（一）代位继承的适用条件

我国代位继承是指被继承人的子女先于被继承人死亡时，由被继承人子女的直系晚辈血亲代替先亡的被继承人的子女继承被

---

① 详可参见最高人民法院发布人民法院贯彻实施《中华人民共和国民法典》典型案例（第 1 批）。详可参见

继承人的遗产，或者被继承人的兄弟姐妹先于被继承人死亡的，由被继承人的兄弟姐妹的子女代位继承的一项法定继承制度。《民法典》第 1128 条第 2 款是新增加的内容，将代位继承的范围扩大至被继承人兄弟姐妹的子女，即侄女、侄子、外甥、外甥女可以代位继承叔伯、姑姑、舅舅、姨母的遗产。需要说明的是，只有被继承人的子女不能被代位继承时，被继承人的兄弟姐妹才能成为被代位继承人。代位继承需要符合以下要件：

第一，被继承人的子女或兄弟姐妹先于被继承人死亡，这里的死亡包括宣告死亡和自然死亡。本案中，被继承人苏某泉无子无女，且姐姐苏某乙先于苏某泉死亡，苏某乙成为被代位继承人。

第二，代位继承人必须是被代位人的晚辈血亲，包括被继承人的子女的直系晚辈血亲和被继承人的兄弟姐妹的子女。根据《民法典》第 1127 条规定，子女包括婚生子女、非婚生子女、养子女和有扶养关系的继子女。苏某甲作为苏某乙的养女，属于被继承人兄弟姐妹的子女，因此可以代替被代位人苏某乙继承苏某泉的遗产。

第三，代位继承人享有继承权。代位继承人一般只能继承被代位人有权继承的遗产份额，所以代位继承以被代位人享有继承权为前提条件。如果被代位人丧失继承权，那么代位人不得代位继承。本案中，苏某乙对弟弟苏某泉的遗产拥有法定继承权且不存在丧失继承权的情况，因此苏某甲可代位继承苏某泉的遗产。

第四，代位继承人只能继承被代位人应继承的遗产份额。本案中，上海市徐汇区华泾路某弄某号某室房屋为苏某甲和李某禾共有，因此房产中属于苏某泉的部分可以作为遗产由苏某甲代位继承。

（二）遗产酌给制度

根据《民法典》第 1131 条规定，对继承人以外的依靠被继承人扶养的人，或者继承人以外的对被继承人扶养较多的人，可以分给适当的遗产。本案中，李某田作为苏某泉堂姐的儿子，与苏某泉长期共同居住，照料其生活，负责处理苏某泉生病住院事宜，代为支付费用，且操办苏某泉的丧葬事宜，相较苏某甲，李某田对苏某泉尽了更多的扶养义务，因此李某田可以酌情分得苏某泉的遗产。

三、专家建议

随着经济社会的发展，我国居民财富积累不断增长，与此同时遗产纠纷诉讼也不断增加，这不仅影响了家庭关系的稳定，也不利于传承和弘扬中华民族优良家风。因此，建议在生前通过订立遗嘱或遗赠、遗赠扶养协议的方式，提前做好财产安排和处理，以免引起家庭矛盾。如果不存在遗嘱或遗赠扶养协议，或者对于遗嘱、遗赠、遗赠扶养协议未处理的财产，则按照法定继承方式确定份额。在均等分配遗产的总原则下，法院会考虑各当事人对被继承人的扶养、照顾等情况，按照权利义务相一致的原则适用遗产酌给制度。这既弘扬了积极妥善赡养老人的传统美德，也充分体现了社会主义核心价值观的要求。

四、关联法条

《民法典》第 1127 条、第 1128 条、第 1131 条；

《最高人民法院关于适用〈中华人民共和国民法典〉时间效力的若干规定》第 14 条；

《最高人民法院关于适用〈中华人民共和国民法典〉继承编的解释（一）》第 14 条、第 15 条、第 16 条、第 17 条、第 19 条、第 20 条。

什么是转继承

被继承人离世本就是一件令人伤心的事，但在遗产分割之前，有的继承人因伤心过度或者意外去世，给破碎的家庭又带来无尽的伤痛。继承人的死亡带来被继承人遗产分割问题，那么该继承人的继承权去哪儿了呢？是因其死亡而丧失呢，还是因其死亡而发生转移呢？

一、案例简介

（一）基本案情

张某（男）与邹某（女）系夫妻关系，二人共育有三名子女，分别为张1、张2、张3。张3于2002年11月19日去世，无子无女。张某于2008年8月8日去世，未留有遗嘱，也未对遗产进行分割。张1与黄某育有一子黄1，张1于2012年12月3日去世，因此其子黄1要求继承张某所有的银行存款及其与邹某的夫妻共同财产中应由张1继承的部分，并继承341号房屋。经查，截至2008年8月8日，张某拥有存款2600.43元，邹某拥有存款30661.32元，二人共同居住的341号房屋为军产房。黄1认为，张某、邹某另有存款，且应对341号房屋居住权进行分割。另外，黄1尚未成年，应多分遗产。①

---

① 详可参见北京市第一中级人民法院（2014）一中少民终字第9443号民事判决书。

（二）法院裁决

一审法院查明，张某于 2008 年 8 月去世，未留有遗嘱，故其遗产应由邹某、张 1、张 2 按照法定继承的原则进行继承。张 1 去世后，其应继承张某的遗产份额由黄 1 进行转继承，故法院支持黄 1 要求继承张某之遗产的诉求。但张某与邹某所住的 341 号房屋为军产房，不属于张某的遗产，故不应作为遗产参与分配。张某名下的存款及邹某名下的存款均应析出一半归邹某个人所有，另一半为张某的遗产，数额为 16630.88 元，应由其继承人按照法定继承的原则进行处理。关于黄 1 要求多分遗产的主张，一审法院认为，其继承的遗产仅限于张 1 应继承的范围，故其要求多分遗产的主张，不予支持。遂判决：（1）张某之遗产人民币 16630.88 元，由黄 1、张 2 各继承 5543.62 元，邹某继承 5543.64 元；（2）驳回黄 1 其他诉讼请求。

判决后，黄 1 不服原审法院判决，上诉至北京市第一中级人民法院，要求享有 341 号房屋的使用权。二审法院驳回上诉，维持原判。

二、以案说法

本案的争议焦点是转继承的继承范围界定。

《民法典》第 1152 条规定："继承开始后，继承人于遗产分割前死亡，并没有放弃继承的，该继承人应当继承的遗产转给其继承人，但是遗嘱另有安排的除外。"相较于《继承法》，《民法典》的规定变化了一下顺序，并增加了但书条款。作为一项独立的继承制度，转继承必须具备一定的要件。

其一，继承人须在被继承人死后、遗产分割前死亡。这是转继承发生的时间要件。转继承只能发生于继承人在被继承人死亡后、遗产分割前死亡的这段时间范围内。如果继承人先于被继承人死亡，会发生代位继承；如果继承人在遗产分割后死亡，该继承人的继承人可直接继承其遗产。本案中，张某于 2008 年 8 月去世，遗产未进行分割，张 1 于 2012 年 12 月 3 日去世，符合转继承发生的时间要件。

其二，继承人须未丧失或放弃继承权。如果继承人因法定事由丧失了继承权或放弃了继承权，则意味着继承人无法继承被继承人的遗产，因此不发生转继承。本案中，张 1 未放弃对张某遗产的继承权，也不存在丧失继承权的法定事由，因此张 1 能够继承张某遗产，黄 1 作为张 1 儿子可发生转继承。

其三，死亡继承人的继承人只能继承其应继承的遗产份额。在转继承中，继承人死亡并不意味着丧失对被继承人遗产中应继承份额的继承权，其继承权由其继承人享有，且其继承人也只能继承遗产的应继承份额。具体份额由法定继承或者遗嘱继承予以判定。本案中，由于张某与邹某所住的房屋为军产房，不属于个人财产，无法作为张某的遗产，因此张 1 只能继承张某与邹某共同财产——存款中的六分之一。黄 1 作为张 1 的继承人也只能继承上述遗产，而无法要求分割房屋。

其四，须遗嘱没有另有安排。这是转继承适用的前提条件，如果被继承人死亡时在遗嘱中对继承人另行作出安排，则要遵循遗嘱规定，而不能直接适用转继承。本案中，张某死亡前未订立遗嘱或对遗产进行分割，因此应当按照法定继承执行。

三、专家建议

转继承的实质是两次继承，在这两次继承中，需要理顺各自的继承人的顺序，需要明确继承方式，需要确定应继承的遗产份额。在适用转继承时，如果死亡的被转继承人依据法定继承时，则其应继承份额为依据法定继承所取得的份额；如果被转继承人依据遗嘱继承时，则其应继承份额为依据遗嘱内容所取得的份额。同时，转继承人取得的份额也根据法定继承或遗嘱继承的不同而不同。

四、关联法条

《民法典》第 1152 条；

《最高人民法院关于适用〈中华人民共和国民法典〉时间效力的若干规定》第 1 条；

《最高人民法院关于适用〈中华人民共和国民法典〉继承编的解释（一）》第 35 条、第 38 条。

打印遗嘱是否有效

随着经济社会的发展以及民众法律意识的增强，越来越多的人选择通过订立遗嘱的方式来安排自己的身后事，将遗产留给自己心仪之人。但在现实生活中，由于遗嘱人对订立遗嘱的形式要件不甚了解或订立不规范，遗嘱无效的情况时有发生，从而引发遗产继承纠纷。因此，订立一份规范、合法、有效的遗嘱对于按照遗嘱人意思表示完成财产分割，维持家庭和睦有着重要的意义。

一、案例简介

（一）基本案情

刘某（男）和张某（女）系夫妻关系，双方共生育四名子女，分别为刘某1、刘某2、刘某3、刘某4。张某于2010年7月16日死亡，刘某于2018年2月10日死亡，二人留有房屋一套。刘某4与刘某1、刘某2、刘某3就案涉房屋继承问题产生纠纷。刘某4持有承诺书、遗嘱各一份，分别述称为张某的自书遗嘱、代书遗嘱，并主张由其独自继承案涉房屋。该承诺书及遗嘱均为打印件，且均有"张某"人名及手印。其中，遗嘱由见证人王某和陈某根据张某的意思在外打印，见证人处有"王某""陈某"的署名。同时，刘某4还提供了视频录像对遗嘱订立过程予以佐证，录像内容显示张某在一名见证人宣读遗嘱内容后，在该见证人协助下签署姓名并捺印。刘某1亦持有打印遗嘱一份，主张为刘某的见证遗嘱，落款处有"刘某"人名、日期及手印，另有见证律师李某、高某署名及日期。除遗嘱外，另有遗嘱见证书、授权委托书、见证笔录、承诺书、见证委托人及继承人的身份关系证明、房屋产权证书、诊断证明书，及拍摄有刘某遗嘱见证过程的视频录像。录像视频主要显示刘某在两名律师见证下签署了遗嘱。①

（二）法院裁决

一审法院认为，案涉房屋为刘某与张某夫妻共同财产。刘某4与刘某1各自持有遗嘱，分别主张遗嘱继承案涉房产。二人提供的遗嘱形式均为打印件，且均由他人完成打印，故该遗嘱应当确定为打印遗嘱。然而，刘某4所持承诺书并无见证人，所持遗嘱形式上虽有两名见证人署名，但相应录像视频并未反映见证过程全貌，因此上述承诺书、遗嘱存在形式要件的缺失或瑕疵，法院对其效力不予认定。刘某1持有的遗嘱形式要件完备，且有相应视频录像佐证，反映出遗嘱过程事实，故法院对其效力予以认定。最终，法院根据刘某1所持遗嘱，判决案涉房屋属于刘某的部分（包括刘某继承张某遗产部分）应由刘某1继承，剩余部分为张某的遗产，由刘某1、刘某2、刘某3、刘某4依法律规定进行法定继承。

一审判决作出后，刘某4提起上诉。北京市第一中级人民法院作出二审判决，驳回上诉，维持原判。

二、以案说法

本案的争议焦点在于刘某1和刘某4所持有的打印遗嘱和录音录像遗嘱的效力问题。

---

① 详可参见北京市海淀区人民法院发布的2022年度遗嘱继承纠纷典型案例。

遗嘱是基于遗嘱人单方面的意思表示即可发生预期法律后果的法律行为。打印遗嘱和录音录像遗嘱均是《民法典》新增加的遗嘱形式，二者应当具备法定形式要件才具有效力。

（一）打印遗嘱

根据《民法典》的规定，打印遗嘱需具备两个形式要件：第一，应当有两个以上见证人在场见证。即见证人不能少于两人，且具有见证资格。一般来说，见证人不能是继承人，也不能是与继承人有利害关系的人。第二，遗嘱人和见证人应当在遗嘱每一页上签名，注明年、月、日。打印遗嘱并未规定打印主体，遗嘱人、见证人或者不相干的民事主体均可打印，所以采用打印遗嘱形式的遗嘱人必须具有相当的读写能力，确定打印遗嘱的内容符合自己的真实意思表示。同时，为避免伪造或变造，要求遗嘱人和见证人必须在每一页上签名，并注明年、月、日。本案中，刘某4和刘某1提交的案涉遗嘱从形成方式上看应属打印遗嘱，且均有两名以上见证人及遗嘱人签字、时间落款。

（二）录音录像遗嘱

根据《民法典》的规定，录音录像遗嘱需具备两个形式要件：第一，必须有两个以上的见证人在场见证，并需要将自己的情况录制在存储设备上。在录制遗嘱时，见证人应当把各自的姓名或其他情况在录音时予以说明或者在录像时展示其肖像，并在遗嘱人录制完遗嘱后，将自己的见证证明及具体日期录制在存储设备上。第二，遗嘱人必须在录音录像中亲自口述其遗嘱的内容，注明年、月、日。遗嘱内容必须具体明确，不得由他人转述或代述，同时遗嘱人在录制过程中应当口述录制的具体日期。本案中，刘某4提供的录像内容缺乏两名见证人全程在场见证的过程，因此无法确认刘某4提交的打印遗嘱符合法定形式要件。而刘某1提供了能够反映遗嘱签订过程的录制视频，能够佐证遗嘱的形成过程。故法院最终没有采信刘某4提供的打印遗嘱和录像遗嘱，而采信了刘某1提供的打印遗嘱，对刘某的遗产部分按照遗嘱继承，对张某的遗产部分在四名子女之间依照法定继承进行财产分割。

三、专家建议

随着信息技术的发展及电子产品的普及，书写方式和录制方式也在发生着变化并且影响到人们的生活。电脑打印已经成为老百姓办公和生活中必不可少的书写途径，录音录像也成为老百姓记录生活的便捷方式。对当事人而言，为了避免遗嘱的无效或被篡改伪造等，最好严格遵守法律对遗嘱形式的规范，并且对打印遗嘱和录音录像遗嘱等进行封存保管，最大限度保证遗嘱的真实性。

四、关联法条

《民法典》第1136条、第1137条。

代书遗嘱如何生效

我国人口中依旧存在文化程度不高的情况，因此代书遗嘱仍然是民间常见的一种遗嘱方式，《民法典》也保留了代书遗嘱的形式。但在现实生活中，代书遗嘱往往因为形式上的瑕疵而不具备法律效力，从而导致被继承人的财产处分意思无法实现。因此，一份有效的代书遗嘱既要有"真实的内在"，也要有"合适的外衣"，才能实现被继承人对遗产的意思自治。

一、案例简介

（一）基本案情

高某（男）与李某（女）原系夫妻关系，二人育有二子：高1、高2。现高某与李某均已去世，留有房屋一套。高2向法院提交高某所立代书遗嘱一份，要求继承该套房屋。遗嘱内容为："立遗嘱人：高某，……案涉房屋在我死后由高2独自继承。"立遗嘱时间：2009年10月21日。本遗嘱一式三份（原件一份，复印件两份），由立遗嘱人、继承人、见证人各一份。遗嘱末尾有立遗嘱人、代书人及见证人签字。为证明遗嘱的真实性，高2提交了某干休所出具的证明一份，内容为："高某系我所离休老干部，患有帕金森病，行动不便，双手因病抖动已无法正常书写，……本着为老干部服务的宗旨，经所里安排，高某本人同意，于2009年10月21日在其家中做代书遗嘱……"高1对上述遗嘱的真实性均不予认可，并质疑高某在订立遗嘱时的行为能力。高 2 提交高某所治疗医院 2009 年 10 月 12 日出具的诊断证明书一份，载明："……目前患者意识清楚，语言表达和记忆力尚清晰。"另提交高某的病历手册，记载 2009 年 12 月 20 日"神清、语利"。庭审中，上述遗嘱中的代书人及两个见证人均到庭陈述并接受质证，表示上述遗嘱系高某的真实意思表示。[①]

（二）法院裁决

一审法院查明，涉案房屋系高某的合法遗产，高某订立的遗嘱符合法定的形式要件，应为合法有效的遗嘱。高 1 质疑遗嘱的真实性及高某的精神状态和行为能力，根据代书人、见证人的陈述及高 2 提交的诊断证明及病历手册，可以认定高某在订立遗嘱时神志清楚，且系高某的真实意思表示，高 1 未能就其主张举证，故对高 1 的辩称意见不予采纳，遗产房屋应当按照立遗嘱人高某的意愿由高 2 继承。高 1 不服一审判决，提起上诉。

二审法院认为，案涉房屋系高某的合法遗产，高某订立代书遗嘱指定涉案房屋由高 2 一人继承，该份遗嘱符合法定的形式要件，应为合法有效的遗嘱。一审法院据此判决案涉房屋由高 2 一人继承，并无不当，予以维持。故判决高 1 的上诉请求不能成立，应予驳回；一审判决认定事实清楚，适用法律正确，应予维持。

二、以案说法

本案的争议焦点在于高某的代书遗嘱是否具有法律效力。

根据《民法典》的相关规定，代书遗嘱应当有两个以上见证人在场见证，由其中一人代书，并由遗嘱人、代书人和其他见证

[①] 详可参见北京市第二中级人民法院（2021）京 02 民终 8715 号民事判决书。

人签名，注明年、月、日。代书遗嘱必须符合以下条件：第一，遗嘱人必须为完全民事行为能力人，能够作出真实意思表示。第二，必须由遗嘱人口授遗嘱内容，并由一见证人代书。遗嘱人必须亲自表述自己处分财产的意思，进行口述，由他人代笔书写下来。代书人必须忠实记载遗嘱人的意思表示。第三，必须有两个以上见证人在场。为了保证代书遗嘱的真实性，法律对代书遗嘱见证人的人数作了明确规定，如果没有见证人或只有一个见证人，那么代书遗嘱是不具有效力的。第四，遗嘱人、代书人和其他见证人必须在遗嘱上签名，并注明年、月、日。

结合本案而言，从案涉遗嘱形式上来看，有两个见证人在场，与遗产继承人无利害关系，各方签名并注明了年、月、日，该遗嘱符合代书遗嘱的形式要件。从被继承人高某的民事行为能力来看，高某虽然患有多种疾病，但相关诊断证明书记录其意识清楚，语言表达和记忆力尚清晰。遗嘱代书人、见证人均陈述在订立遗嘱时高某神志清楚，精神正常，具有表达自己真实意思的能力，故应认定被继承人高某订立遗嘱时具有民事行为能力，且干休所的证明也可以佐证遗嘱系高某的真实意思表示。另外，代书人及见证人虽对代书遗嘱的订立细节陈述略有出入，但在遗嘱由谁叙述、由谁代书、由谁见证、是否为高某本人签字等遗嘱订立过程的陈述完整，且能互相印证。故此，高2已经完成其对于案涉遗嘱真实性的举证责任。该份遗嘱符合法定的形式要件，应为合法有效的遗嘱，遗产房屋应按照遗嘱由高2继承。

三、专家建议

代书遗嘱对于不具备文字书写能力或因其他原因无法进行书写的遗嘱人欲通过自由意志安排个人财产是个很好的选择。但由于代书遗嘱非由本人所写，其真实性难以保障，因此法律作出一系列具体的规定来解决代书遗嘱的效力问题，即使代书遗嘱不仅需要遗嘱人在设立遗嘱时符合形式要件，还必须保证自己在设立遗嘱时精神健全，属于完全民事行为能力人。另外，建议在设立代书遗嘱时进行同步录音录像，或是通过公证的方式进一步提高遗嘱合法性和可信度。

四、关联法条

《民法典》第 1122 条、第 1123 条、第 1133 条、第 1135 条、第 1140 条；

《最高人民法院关于适用〈中华人民共和国民法典〉时间效力的若干规定》第 1 条。

形式瑕疵的遗嘱效力如何

自书遗嘱、代书遗嘱、打印遗嘱、录音录像遗嘱、口头遗嘱、公证遗嘱都是法定的由被继承人根据自由意志处分合法财产的形式，但是在生活中，被继承人常常因为各种各样的原因，在订立遗嘱时出现不同程度的瑕疵而导致遗嘱无效，无法实现自己的遗愿。在司法实践中，对于形式瑕疵的遗嘱，法院是否就"一竿子打死"呢？其实并不必然，法院会根据不同情况进行甄别和取证，以确定遗嘱人的真实意愿，判断遗嘱是否有效。

一、案例简介

（一）基本案情

被继承人张某（女）与马1（男）系夫妻，二人共生育子女五人，即马2、马3、马4、马5、马6。马1于2018年12月14日死亡。张某于2021年2月11日死亡。兄弟姐妹五人因遗产继承纠纷诉至法院。马2、马3向法院提交代书遗嘱一份，内容为："我叫张某，快九十岁了，身体还不错。基本上能自理。两个儿子对我很孝顺，尽到了赡养责任。另外，我和老伴的墓地已由马2、马3两个儿子买好了。我没有什么后顾之忧了。我现在留下遗嘱，自愿将我的财产和拆迁所得的利益，全部给我的两个儿子马2、马3。立嘱人：张某（捺有手印），2019年10月11日；见证人：孙某；见证人：汪某。"马2、马3又提交遗嘱视频，视频显示张某口述内容与代书遗嘱内容一致。在孙某书写遗嘱时，张某再次口述以上内容。录像显示孙某书写遗嘱，汪某在旁见证，孙某书写完遗嘱后向张某宣读上述书面遗嘱全文，张某表示认可并感谢。马2、马3向法院出示录制视频的手机，手机显示的录制时间是2019年10月11日。

（二）法院裁决

一审法院经审理认为，涉案代书遗嘱缺少见证人及代书人书写的日期，故代书遗嘱不符合法定形式要件，应认定为无效；原告虽提交了遗嘱形成过程的录像，确认遗嘱内容为被继承人口述及手机显示的录制时间，但不能补正其遗嘱形式瑕疵的问题，因此涉案录像亦不具备民法典规定的录像遗嘱的法定形式要件，不认定为有效的录像遗嘱。遂判决：（1）被继承人张某的拆迁款6966163元由马2、马3、马4、马5、马6共同继承；（2）驳回原告马2、马3其他诉讼请求；（3）驳回被告马4、马5、马6其他诉讼请求。当事人不服一审判决，提起上诉。

二审法院经审理认为，在代书遗嘱仅存在代书人和见证人未标注日期的形式瑕疵，且通过录像能够直观地判断立遗嘱人的精神状态和真实意愿，并确定代书遗嘱的形成时间，以补正案涉代书遗嘱之形式瑕疵的情形下，应认定该代书遗嘱有效。一审法院对遗嘱效力的认定有误，依法予以纠正。至于代书遗嘱订立过程中所拍摄的录像，其目的主要是记录遗嘱形成过程，以佐证代书遗嘱的真实性，在已认定代书遗嘱有效的情况下，不再就录像内容是否构成其他形式的遗嘱进行评价。遂作出终审判决：被继承人张某的拆迁款6966163元由马2、马3共同继承所有。

二、以案说法

本案的争议焦点在于张某的代书遗嘱存在形式瑕疵时是否影响效力。

《民法典》第 1135 条规定:"代书遗嘱应当有两个以上见证人在场见证,由其中一人代书,并由遗嘱人、代书人和其他见证人签名,注明年、月、日。"据此,代书遗嘱必须符合以下条件:第一,遗嘱人必须为完全民事行为能力人,能够作出真实意思表示。第二,必须由遗嘱人口授遗嘱内容,并由一见证人代书。遗嘱人必须亲自表述自己处分财产的意思,进行口述,由他人代笔书写下来。代书人必须忠实记载遗嘱人的意思表示。第三,必须有两个以上见证人在场。为了保证代书遗嘱的真实性,法律对代书遗嘱见证人的人数作了明确规定,如果没有见证人或只有一个见证人,那么代书遗嘱是不具有效力的。第四,遗嘱人、代书人和其他见证人必须在遗嘱上签名,并注明年、月、日。本案中,张某在孙某和汪某的见证下,由孙某代书遗嘱,且张某、孙某、汪某进行了签名,但是代书人和见证人在代书遗嘱上均未注明具体日期,导致代书遗嘱具有形式瑕疵。为此,马2又提交了记载案涉代书遗嘱形成过程的录像证据。视频内容显示,遗嘱人张某在录像时较为清晰地表达了自己对遗产处理的意愿,孙某根据张某的意思代书遗嘱,汪某见证遗嘱形成过程,并且孙某书写完遗嘱后向张某宣读遗嘱全文,张某表示认可并感谢,该录像原始载体手机显示的录制时间是 2019 年 10 月 11 日。虽然张某的代书遗嘱因为缺少具体日期而导致形式上具有瑕疵,但是可以从佐证的录像证据中确定案涉代书遗嘱的具体日期以弥补该瑕疵,因此可以认定涉案代书遗嘱成立并有效。

本案亦涉及影像资料证据，该份影像资料是否可以视为录像遗嘱？其效力如何？录像遗嘱是民法典的新增规定，只有符合以下条件，录像遗嘱才有效：第一，必须有两个以上的见证人在场见证，并需要将自己的情况录制在存储设备上。第二，遗嘱人必须在录像中亲自口述其遗嘱的内容，注明年、月、日。特别需注意的是，遗嘱人必须在录像开头宣誓所录内容为遗嘱，表明姓名和身份。第三，必须录制遗嘱人和见证人的肖像。从上述分析，被继承人张某在录制视频时，口述了代书遗嘱的内容，现场有孙某、汪某两名见证人，三人均在视频中露出肖像，并能明确遗嘱日期，因此马2提交的录像符合录像遗嘱的要求，可以认定为合法有效。

三、专家建议

遗嘱的实质要件瑕疵当然会导致遗嘱无效，如遗嘱人欠缺民事行为能力或者有被胁迫的情况等；但遗嘱形式要件瑕疵则需要综合考虑遗嘱的要式性和立遗嘱人的意愿来判断遗嘱是否有效。为避免纠纷，遗嘱人在订立遗嘱时应当保证实质要件和形式要件均无瑕疵。另外，一定要有意识妥善保存遗嘱，一方面防范遗嘱被篡改的风险，另一方面减少因时间或环境因素导致遗嘱内容无法辨认而带来证明力的下降。

四、关联法条

《民法典》第1122条、第1123条、第1133条、第1135条、第1137条。

接受遗赠应如何表示

继承开始后如何确定各项继承制度的效力是继承立法必须考虑的问题之一，因为在现实生活中，不同的继承方式往往会因为各种各样的原因而同时出现，那么遗嘱继承、法定继承、遗赠和遗赠扶养协议之间的效力顺位应当如何排序呢？弄清楚它们之间的效力差序格局就能大大减少利益相关人之间互相"打架"的情况。

一、案例简介

（一）基本案情

王某（男）丧偶，育有一子王1，经人介绍与同为丧偶的邱某（女）一同居住。邱某及其家人对王某照顾有加，因此王某于2020年7月18日写下遗嘱，表示愿意把其名下中国工商银行与中国农业银行的存款给予邱某及其孙女廖某。遗嘱签有王某姓名及具体日期。2020年9月27日，王某因突发脑出血去世。王某去世后，邱某联系王1告知其存折事宜，但王1表示由邱某领取，其不要了。邱某于2020年9月28日前往中国工商银行支取了王某的存款20700元，又前往中国农业银行预支取王某的存款17万元，但由于该存折为定期存款并未到期，取款未成功。之后，王1取走了王某在中国农业银行中的存款。为此，邱某诉至法院，要求王1返还存款17万元。王1表示对邱某提交的遗嘱真实性不予认定，并且辩称邱某未在受遗赠后两个月内，作出接受或者放弃受遗赠的表示，应认定其放弃遗赠，自己作为王某的唯一法定继承人有权继承王某的遗产，因此拒绝归还 17 万元。[①]

（二）法院裁决

一审法院查明，案涉遗嘱为王某自书遗嘱，虽然王 1 对案涉遗嘱的真实性表示异议，但未申请笔迹鉴定，应由王 1 承担举证不能的不利后果，因此认定案涉遗嘱合法有效。邱某的取款行为即接受王某遗赠的意思表示行为，因此案涉 17 万元应当属于邱某所有，遂判决王 1 向邱某和廖某返还 17 万元。被告不服一审判决，提起上诉。

二审期间，双方当事人均未提交新证据。二审法院认为一审法院查明的事实清楚、属实，并予以确认，因此驳回上诉，维持原判。

二、以案说法

本案的争议焦点主要有三个：一是王某自书遗嘱的效力如何；二是无法认定遗嘱真实性的，举证责任如何分配；三是接受遗赠的表示如何认定。

（一）自书遗嘱

《民法典》第 1134 条规定："自书遗嘱由遗嘱人亲笔书写，签名，注明年、月、日。"据此，一份有效的自书遗嘱需要把握这样几个要点：首先，自书遗嘱应当由遗嘱人亲笔书写遗嘱的全部内容，不能由他人代写，也不能采用打印等方式，这就要求遗嘱人具有一定的读写能力，能够准确明晰地表达个人意思。其次，遗

[①] 详可参见广东省广州市中级人民法院（2023）粤 01 民终 25292 号民事判决书。

嘱内容必须是遗嘱人关于其死亡后财产处分的意思表示。第三，遗嘱必须由遗嘱人签名并注明年、月、日。这就要求遗嘱人的签名必须由遗嘱人亲笔书写，不能以盖章、捺印等方式替代，以确保是遗嘱人的真实意思表示。注明具体日期是为了确定自书遗嘱的成立时间，辨明遗嘱人在设立遗嘱时是否具有遗嘱能力以及遗嘱的真伪。同时，如果存在多份遗嘱，遗嘱注明的时间有助于确定最后具有法律效力的遗嘱。本案中，王某在意识清晰时自书遗嘱，并签署了姓名及具体日期，是其真实意思表示，内容未违反法律规定，亦不违背公序良俗，且遗嘱的形式要件符合法律规定，因此依法成立且有效。

（二）举证责任分配

根据《民事诉讼法》和《最高人民法院关于适用〈中华人民共和国民事诉讼法〉的解释的决定》相关规定，举证责任一般按照"谁主张，谁举证"的规则，当事人对自己提出的诉讼请求所依据的事实或者反驳对方诉讼请求所依据的事实，应当提供证据加以证明。在作出判决前，当事人未能提供证据或者证据不足以证明其事实主张的，由负有举证证明责任的当事人承担不利的后果。本案中，王1对案涉遗嘱的真实性提出异议，否认案涉遗嘱出自王某之手且为王某的意思表示，因此证明该事实主张的责任应当由王1承担。但王1既未向法院申请进行笔迹鉴定，也未提供支持本人主张的证据，因此举证不能的不利后果应由王1承担，法院依法认定案涉遗嘱系由遗嘱人王某本人手写。

（三）接受遗赠的表示

《民法典》第1124条规定，继承开始后，受遗赠人应当在知道受遗赠后六十日内，作出接受或者放弃受遗赠的表示；到期没有表示的，视为放弃受遗赠。该条规定强调了接受或放弃遗赠的期限和接受遗赠必须采取明示的方式。本案中，王某订立遗嘱后，将案涉存折交由邱某保管，且邱某在王某死亡后第二天即持存折到银行提取存款，并取走了案涉中国工商银行存款 20700 元。案涉中国农业银行存款由于是定期存款，以及涉及金额较高，导致该款无法提取。邱某持有银行存折并知悉密码，亦到银行排号取款的行为，即其接受遗赠的明确意思表示。因此，鉴于邱某已经接受遗赠，案涉 17 万元遗产应当属于邱某所有。

三、专家建议

在继承开始后，遗嘱继承的效力优先于法定继承；不能适用遗嘱继承方式的，按照法定继承方式继承。这是民法中意思自治原则的体现，充分尊重民事主体对个人合法财产的处分权。当然，遗嘱继承的前提是自书遗嘱、代书遗嘱、打印遗嘱等合法有效，且遗嘱人和受遗赠人后于遗嘱人死亡或者终止，且不存在丧失继承权或者受遗赠权的情况。同时，如果遗嘱全部或者部分无效抑或存在未处分遗产时，那么所涉及的该部分遗产仍适用法定继承。

四、关联法条

《民法典》第 1123 条、第 1124 条、第 1133 条、第 1134 条；

《最高人民法院关于适用〈中华人民共和国民法典〉时间效力的若干规定》第 1 条第 2 款；

《民事诉讼法》第 67 条；

《最高人民法院关于适用〈中华人民共和国民事诉讼法〉的解释》第 90 条。

死亡抚恤金可否认定为遗产

当继承开始、分配遗产的时候，最重要的是界定遗产范围。只有确定好遗产范围，才能更好地判断遗产归属以及进行遗产分配。《民法典》对不能继承的财产范围未进行列举，仅作概括性规定。在实践中，一般认为专属于被继承人的权利，具有抚恤、救济性质的财产权利，被继承人的人身权利，被继承人个人信息、隐私权的互联网络虚拟财产，法律规定不能继承的物不属于遗产。[①]

一、案例简介

（一）基本案情

1993 年 8 月 6 日，原告王某（女）与被继承人孟 2（男）结婚，二人均系再婚。原告王某与前夫生育一女，即原告李某。孟 2 与前妻生育一子，即被告孟 1。原、被告均称王某与孟 2 结婚时李某尚未成年，随二人一起共同生活，李某与孟 2 形成了抚养关系。孟 2 于 2020 年 12 月 15 日因病去世。孟 2 在世时，王某尽了扶养义务，李某和孟 1 尽了赡养义务。原、被告均认可孟 2 之父母均在其之前去世。孟 2 去世后，社保部门发放了遗属补助 95879.32 元，其中属于抚恤金性质的钱款为 83571.32 元，孟 1 主张使用该

[①] 参见王仰光、朱呈义：《民法典继承编释论》，中国法制出版社 2020 年版，第 26-28 页。

款偿还孟 2 生前债务，并要求其余丧葬费在抚恤金中优先抵扣。原、被告就该笔款项处理产生纠纷，故诉至法院。①

（二）法院裁决

一审法院认为，社保部门发放的遗属补助 95879.32 元中属于抚恤金性质的钱款为 83571.32 元，因抚恤金系单位对孟 2 家属的抚慰体恤，发放对象应为孟 2 的近亲属，故该款原、被告应各分得三分之一；抚恤金不属于遗产的性质，孟 1 主张使用该款偿还孟 2 生前债务的意见不予采纳。孟 1 继承了孟 2 的遗产，且作为子女支付其余丧葬费用并无不妥，其要求支付的其余丧葬费在抚恤金中优先抵扣的意见亦不予采纳。遂判决：（1）本判决生效后十五日内，被告孟 1 给付原告王某 127857.11 元。（2）本判决生效后十五日内，被告孟 1 给付原告李某 27857.11 元。（3）驳回原告王某、李某其他诉讼请求。（4）驳回被告孟 1 其他诉讼请求。当事人不服一审判决，提起上诉。

二审期间，双方当事人均未提交新证据。二审法院经审理查明的事实与一审法院查明的事实无异。关于孟 1 上诉主张抚恤金已经用于偿还孟 2 生前债务，其支出的丧葬费应先从抚恤金中抵扣，对此二审法院认为，孟 1 作为孟 2 的子女，继承了孟 2 的遗产，为孟 2 支出丧葬费属应有之义，且一审法院对遗属补助中属于丧葬补助性质的部分予以考虑，并未支持王某、李某的诉讼请求。而抚恤金并非遗产，应该在孟 2 的近亲属中分配，一审法院对于抚恤金的分配并无不当。综上所述，孟 1 的上诉请求不能成立，应予驳回；一审判决认定事实清楚，适用法律正确，应予维持。

---

① 详可参见北京市第二中级人民法院（2023）京 02 民终 6279 号民事判决书。

二、以案说法

本案的争议焦点在于死亡抚恤金的性质认定和分配。

（一）死亡抚恤金的性质

《民法典》对遗产范围采取概括式立法，从正反两个方面来确定遗产范围。从正面确定自然人死亡时遗留的个人合法财产属于遗产，从反面强调法律规定或者根据其性质不得继承的不能作为遗产。从时间要求来说，遗产是自然人死亡时遗留的财产，意味着不在自然人死亡时遗留下的财产不是遗产，这是对遗产范围在时间上的限定。抚恤金是被继承人死亡后才产生的，不是公民死亡时所遗留的，因此不属于遗产。从财产范围来说，遗产应当是死者的个人财产，死亡抚恤金的发放对象是死者家属，而非死者本人，因此不属于死者的财产。从抚恤金作用来说，死亡抚恤金是对死者家属的精神抚慰，亦是对死者生前扶养亲属的经济补偿，其立法本意在于弥补死者近亲属的损害，着眼于生者的利益而非死者的利益。因此，死亡抚恤金不宜认定为遗产。

（二）死亡抚恤金的分配

目前，关于抚恤金的分配没有明确的法律规定，也没有形成统一观点，笔者认为可从以下两方面考虑。第一，从请求分配主体来说，根据我国目前的有关政策，享有抚恤金待遇的人必须同时具备两个条件：一是必须是死者的直系亲属、配偶；二是死者生前主要或部分供养的人。可以参考《民法典》继承编中关于继承顺序的规定，即第一顺序：配偶、子女、父母；第二顺序：兄弟姐妹、祖父母、外祖父母。丧偶儿媳对公婆、丧偶女婿对岳父母，尽了主要赡养义务的，作为第一顺序继承人。只有第一顺序请求权人不存在时，才由第二顺序请求权人请求分配。第二，从分配原则来说，死亡抚恤金是向死者近亲属发放的具有精神安慰和物质补偿性质的金钱给付，目的在于优抚、救济死者家属，因此在分配的时候不能简单机械地在权利人之间进行等额分配，应当根据权利人与死者关系的亲疏远近，共同生活的亲密程度，权利人的经济、生活状况，对死亡抚恤金的依赖程度等情况进行综合考虑、合理分配。

本案中，孟2在去世前一直与王某共同生活，孟1与李某也正常履行赡养义务，三人与孟2的生活紧密程度相当，且三人的生活均有保障，对死亡抚恤金的依赖程度相等，因此在三人之间均等分配死亡抚恤金较为合理。

三、专家建议

死亡抚恤金不属于遗产，遗嘱人不得在遗嘱中处分其死亡后获得的抚恤金。死亡抚恤金原则上由权利人共同取得，属于权利人共同共有，不能仅仅按照遗产分配原则进行分割，要结合抚恤金的立法目的及案件实际情况，充分考虑死者生前的家庭关系与人际状况，除父母、子女等法律明确规定的近亲属外，还应考虑与死者共同生活构成抚养关系的其他人，合理进行分割。

四、关联法条

《民法典》第299条、第303条、第304条、第1122条、第1127条、第1130条、第1131条、第1132条。

宅基地房屋拆迁补偿是否属于遗产

宅基地使用权问题争议由来已久，特别是这个问题涉及农民权益，不仅仅是一个法律问题，更是一个民生问题。在我国城镇化发展的进程中，大量农村人口因为升学、就业、结婚等原因离开集体经济组织，而农村宅基地使用权严格的身份性，使宅基地使用权的继承纠纷成为中国当下存在的广泛而普遍的问题。

一、案例简介

（一）基本案情

刘1（1956年去世）与刘2（2011年1月24日去世）系夫妻关系，二人育有二子一女，即刘3、刘4（2011年1月22日去世）、刘5。刘1去世后，刘2与刘6（2004年去世）结婚，二人育有二子二女，即刘7、刘8、刘9、刘10。刘4与林某系夫妻关系，二人育有一子刘11。刘2除本案原、被告外，无其他第一顺序继承人。1996年，刘4与刘12签订房契，购买刘12的四间房屋（即案涉房屋，均为宅基地建房）。2017年，刘12（已故）之妻崔某出具声明书，声明刘12于1996年5月6日将案涉房屋卖给刘4所有。崔某于2022年又出具证明，称案涉房屋的实际购买人为刘11。现刘7、刘8、刘9、刘10要求认定案涉房屋院落及拆迁补偿利益的六分之一为刘2的遗产并依法进行继承分割，故诉至法院。[①]

（二）法院判决

一审法院经审查认为，房契、声明书只能证实案涉房屋进行了出售，并通过出售的方式转移了宅基地房屋的所有权与使用权。至于交易的双方，受让方并非刘4一人，出卖方亦非刘12一人，对于案涉房屋的家庭属性，应在本案中得到充分体现。案涉房屋的受让人宜评价为刘4一家人。买受后，刘11实际管理使用，进行维护、修缮等。本案中亦认定分家事实。现有证据体系下，作为某社区的居民刘11在社区中并未分得宅基地。综上分析，考虑民风民俗，对于案涉房屋，宜评价为刘4一家对家庭财产的再分配或者父母对子女的赠与，案涉房屋的实际权利人应认定为刘11。因此，案涉房屋及基于该房屋所产生的拆迁安置补偿利益，不能作为遗产进行分割，原告的诉请缺乏必要的事实及法律依据，不予支持。遂判决，驳回原告刘7、刘8、刘9、刘10的诉讼请求。原告不服一审判决，提起上诉。

二审期间，各方当事人均未提交新的证据。二审法院对一审查明认定的相关事实予以确认，但认为一审判决认定案涉房屋实际权利人为刘11不当，应予以纠正。该房屋拆迁面积和补助面积补偿1056168元应作为案涉财产予以处理，其中，刘4的遗产部分应按照生效的本院（2021）鲁02民终7100号民事判决、一审法院（2020）鲁0214民初9473号民事判决所确认的当事人继承份额予以分割。遂判决：（1）撤销青岛市城阳区人民法院（2022）鲁0214民初1514号民事判决；（2）被上诉人刘11于本判决生效后十日内分别给付上诉人刘7、刘8、刘9、刘10继承款项

---

① 详可参见山东省青岛市中级人民法院（2022）鲁02民终10643号民事判决书。

25146.86元；（3）驳回上诉人刘7、刘8、刘9、刘10其他诉讼请求。本判决为终审判决。

二、以案说法

本案的争议焦点有两个：一是案涉房屋是否应当作为刘4的遗产；二是若作为刘4的遗产，应当如何分割。

（一）遗产的认定

《民法典》第1122条的规定："遗产是自然人死亡时遗留的个人合法财产。依照法律规定或者根据其性质不得继承的遗产，不得继承。"本案中，案涉房屋系刘4于1996年向刘12购买的宅基地建房，系刘4与林某夫妻关系存续期间购买所得，属于夫妻共同财产。崔某于上述购买房屋时间20余年后再出具书面材料拟证明实际购房人为刘11，该证明不能否认1996年5月6日刘4与刘12签署的购房契约的效力。因此，应认定刘4为案涉房屋的实际权利人。依据我国相关法律，农村宅基地的所有权和使用权是分离的，宅基地所有权属于集体，村民基于集体经济组织成员资格取得宅基地使用权，可以在宅基地上兴建住宅及其他附属物。住宅和其他附属物属于村民自己的个人财产或家庭共有财产，可以作为遗产由继承人继承，因此宅基地上房屋被征收的，所获得的补偿款可以作为遗产继承。刘11对案涉房屋拆迁安置选择货币补偿方式，并实际已领取补偿款项。该款项中拆迁补助费、临时过渡补助费、签约奖励费、腾房奖励费属于实际居住人刘11，而房屋拆迁面积和补助面积补偿1056168元则应作为刘4遗产予以处理。

（二）转继承中遗产的分割

本案系转继承纠纷。《民法典》第1152条规定："继承开始后，继承人于遗产分割前死亡，并没有放弃继承的，该继承人应当继承的遗产转给其继承人，但是遗嘱另有安排的除外。"转继承是指继承开始后，继承人没有放弃继承，但在遗产分割前死亡的，其应继承的遗产份额转由其继承人继承的制度。作为一项独立的继承制度，转继承无论在法定继承中还是遗嘱继承中都可能发生，但需要具备以下条件：第一，在被继承人死后、遗产分割前继承人死亡。这是转继承发生的时间条件。第二，继承人没有丧失或放弃继承权。如果继承人因法定事由丧失了继承权或者放弃了继承权，则因其不能继承被继承人的遗产，当然不发生转继承。第三，由死亡继承人的继承人继承其应继承的遗产份额。第四，遗嘱没有另有安排。这是转继承适用的前提条件，如果被继承人立有遗嘱对遗产另行安排，则遵循遗嘱规定。本案中，刘4去世前未立遗嘱，因此刘4的遗产应按法定继承。刘4母亲刘2在刘4死亡后、刘4遗产分割前去世，其未丧失也未放弃继承权，因此作为刘4遗产的第一顺位继承人，刘2享有继承权，继承份额为刘4遗产的六分之一。刘3、刘5、刘7、刘8、刘9、刘10作为刘2的子女，是刘2遗产的第一顺位继承人，有权转继承刘2继承的刘4遗产份额。因刘4先于母亲刘2死亡，刘11作为刘4的儿子可以代位继承刘2的遗产，所以刘3、刘5、刘7、刘8、刘9、刘10的继承份额为刘4遗产的四十二分之一。

三、专家建议

农村宅基地属于集体土地，而自建房由农民自己出资建立，属于个人财产且具备完全产权，因此可以作为遗产继承。若家庭成员死亡，可进行房屋所有权的变更，宅基地可以继续使用，但务必及时前往国土部门办理相关手续。若无房产权属证明、无建房建设用地许可证、无宅基地使用权证，则无法确认房屋所有权人和使用权人，会为日后房产处理带来麻烦。

四、关联法条

《民法典》第124条、第215条、第230条、第1122条、第1130条、第1152条、第1153条。

遗产能否赠送给居委会

我国已步入老龄化社会，空巢、孤寡老人的养老问题日益凸显，因此积极鼓励社会力量参与养老服务业，加快推进居家养老服务体系建设，保证老年人老有所养是当务之急。《民法典》亦关注了这一问题，完善了遗赠扶养协议的规定，扩大了扶养人的范围，从法律层面保障了老年人的社会扶养问题，也将促进社会化的家庭养老行业发展，为老年人的晚年生活提供另一种选择和保障。

一、案例简介

（一）基本案情

曹某泉（男）与吴某多（女）原系夫妻关系，共生育二子二女。1961年，双方经法院调解离婚。离婚后，曹某泉从安徽返回无锡工作生活，四个子女从未探望、赡养过曹某泉。2003年，在曹某泉弟弟妹妹的见证下，曹某泉与扬名居委会签订一份《关于扬名村××号村民曹某泉居住及养老生活等问题的协调处理意见》（以下简称《处理意见》），载明由于历史等原因，曹某泉一直独身，虽有兄弟姐妹，但由于工作忙、距离远、照顾不便等原因，由居委会按"五保户"待遇负责曹某泉的日常生活并养老至寿终，曹某泉的财产在其寿终后由居委会处置。协议签订后，居委会一直安排专人照顾曹某泉起居和就医陪护，直到曹某泉94岁去世，并为其操办了丧事。曹某泉的四个子女在得知曹某泉去世的消息后，从外地赶至无锡要求继承遗产，与居委会产生争议。居委会无奈诉至法院，要求确认遗赠扶养协议有效，曹某泉名下财产归居委会所有。[①]

（二）法院裁判

法院经审理认为，从曹某泉与居委会签订的处理意见所约定的权利、义务内容来分析，扬名居委会作为扶养人承担曹某泉生养死葬的义务，曹某泉将其财产遗赠给扬名居委会，系双方真实意思表示，不违反法律、行政法规的强制性规定，合法有效。因此，涉案《处理意见》符合《民法典》第1158条有关遗赠扶养协议的规定，应为遗赠扶养协议。且居委会在近二十年的时间里对独居的曹某泉予以照顾，妥善安排住处并有专人看护，为其垫付医疗费，支付养老院费用和丧葬费，尽到了遗赠扶养人的义务，反观曹某泉的四个子女却未尽过任何赡养义务，四个子女主张遗赠扶养协议违反公平原则，无事实和法律依据。遂判决曹某泉财产归居委会所有。

二、以案说法

本案的争议焦点为：一是涉案遗赠扶养协议是否有效；二是曹某泉遗产如何分割。

（一）遗赠扶养协议认定与效力

根据《民法典》第1158条的规定，"自然人可以与继承人以外的组织或者个人签订遗赠扶养协议。按照协议，该组织或者个人承担该自然人生养死葬的义务，享有受遗赠的权利。"遗赠人只

[①] 详可参见江苏省无锡市梁溪区人民法院（2020）苏0213民初1385号民事判决书。

能是自然人，而扶养人既可以是法定继承人范围以外的自然人，也可以是有关组织。同时，《老年人权益保障法》第36条规定："老年人可以与集体经济组织、基层群众性自治组织、养老机构等组织或者个人签订遗赠扶养协议或者其他扶助协议。"本案中，扬名居委会与曹某泉签订的处理意见明确了二者之间遗赠和扶养的权利义务关系，因此应确认为遗赠扶养协议。居委会作为居民自我管理、自我教育、自我服务的基层群众性自治组织，可以以其名义订立民事合同，成为遗赠扶养协议的合同相对人。另外，涉案《处理意见》落款处有曹某泉本人签名，以及其弟、妹三人的签字，且无证据证实曹某泉在签名时精神、身体受限，故涉案《处理意见》可确认为曹某泉本人的真实意思表示。因此，扬名居委会与曹某泉签订的遗赠扶养协议，主体适格，意思表示真实，内容合法，未损害国家、集体及任何第三人的合法权益，不存在违反法律、行政法规强制性规定的情形，应为合法有效，并且自订立之日起便产生法律效力，双方均应按约履行义务。

（二）曹某泉遗产如何分割

根据《民法典》第1123条的规定，"继承开始后，按照法定继承办理；有遗嘱的，按照遗嘱继承或者遗赠办理；有遗赠扶养协议的，按照协议办理。"本案中，扬名居委会在长达十六年的时间里对曹某泉有始有终、长期持续地履行扶养义务，已经按《处理意见》的约定履行了为曹某泉提供生前扶养、死后安葬的义务，而曹某泉的四名子女在曹某泉与吴某多离婚回无锡后，未对其尽任何赡养义务，因此扬名居委会有权按照该《处理意见》的约定享有受遗赠的权利。

三、专家建议

遗赠扶养协议具有社会互助的性质，是财产行为与道德行为的结合，并非单纯财产性质的协议。一经签订，双方应当遵守该协议的各项约定。扶养人应当按照约定履行扶养义务，具体的扶养标准在有约定的情况下按协议的约定履行；协议未约定的，应当不低于当地的最低生活水平。鉴于遗赠扶养协议的特殊性，扶养人的扶养义务应当是持续性的，不得在被扶养人死亡前中断履行扶养义务。除扶养义务外，扶养人还应按照协议的约定完成被扶养人的丧葬事宜。

四、关联法条

《民法典》第 1121 条第 1 款、第 1122 条、第 1123 条、第 1158 条；

《老年人权益保障法》第 36 条。

如何确定遗产管理人

随着经济的飞速发展，个人资产总量不断增加的同时资产类型也在日渐多样化，如何妥善管理遗产关涉继承人、被遗赠人、遗产债权人等相关利害关系人的利益及社会法律秩序的稳定？现实生活中，死者无继承人时，其遗产的管理问题一直是继承法上的难题，因死者无法定继承人，死者的债权人"无人可诉"，难以对死者的遗产主张权利。《民法典》首次规定了遗产管理人确定制度，有效破解了债权人"无人可诉"的现实难题，在纠纷发生时为当事人提供救济途径，也将在一定程度上减少此类纠纷的发生。

一、案例简介

（一）基本案情

刘某为徐某的债权人，但徐某于 2020 年 4 月 5 日死亡，生前未婚未育，亦没有第一、第二顺位法定继承人，其名下遗留数处房产，去世后遗产处于无人继承的状态。刘某曾在徐某死亡后，以徐某为被告向法院提起民间借贷诉讼，但法院以被告已死亡为由裁定驳回起诉。2021 年 1 月 1 日《民法典》施行后，刘某依据相关规定，认为在徐某无继承人时应由其生前住所地某区民政局作为其遗产管理人，故向法院提起申请，要求指定某区民政局作为徐某的遗产管理人，由某区民政局管理徐某遗产并以徐某遗产偿还其债务。但某区民政局以申请人刘某主体不适格为由，不同意作为徐某的遗产管理人。①

（二）法院裁决

法院认为，徐某于 2020 年 4 月 5 日死亡，无继承人导致其遗产处于无人管理的状态，且申请人刘某已向法院提起债权之诉，法院以原告刘某起诉时被告徐某已死亡为由，裁定驳回起诉，应视为申请人刘某与徐某存在利害关系。因此，根据《民法典》第1145 条、第 1146 条及《最高人民法院关于适用〈中华人民共和国民法典〉时间效力的若干规定》第 3 条，在徐某没有继承人的情况下，法院指定其生前住所地某区民政局作为其遗产管理人，以解决权利人刘某针对徐某遗产的争议，一方面更有利于管理和维护徐某的遗产，另一方面确保权利人刘某的利益得以顺利实现。

二、以案说法

本案的争议焦点有两个：一是徐某没有继承人，如何确定其遗产管理人；二是刘某是否有资格申请法院指定徐某遗产管理人。

（一）遗产管理人的确定

遗产管理人是指承担清理遗产并制作遗产清单、处理被继承人的债权债务等职责的人。遗产管理人制度是《民法典》新增加的制度。根据《民法典》的规定，确定遗产管理人有五种方式：一是遗嘱指定遗产管理人；二是遗嘱未指定遗产管理人的，则由遗嘱执行人担任；三是没有遗嘱执行人的，由继承人推选遗产管理人；四是若继承人未推选的，由全体继承人共同担任遗产管理人；五是没有继承人或者继承人均放弃继承的，由被继承人生前住所地的民政部门或者村民委员会担任遗产管理人。本案中，徐

---

① 详可参见天津市河北区人民法院（2021）津 0105 民特 9 号民事判决书。

某生前未婚未育，亦未通过订立遗嘱、遗赠扶养协议等方式处置自己的遗产，同时其第一顺位和第二顺位法定继承人均已死亡，意味着徐某死亡后其遗产处于无人继承的状态，因此只能由徐某生前住所地的民政部门或者村民委员会担任遗产管理人。由于徐某为非农业户口，因此由其生前住所地的民政部门担任遗产管理人。

（二）法院指定遗产管理人

本案中，徐某生前住所地的民政部门以申请人刘某主体不适格为由，不同意作为徐某的遗产管理人。《民法典》第1146条规定："对遗产管理人的确定有争议的，利害关系人可以向人民法院申请指定遗产管理人。"法院指定遗产管理人亦是《民法典》的新增条款。在发生以下情形的时候，经利害关系人申请，法院可以指定遗产管理人：第一，遗嘱中未指定遗嘱执行人或遗产管理人，继承人对遗产管理人的选任有争议；第二，在继承人为数人的情况下，利害关系人对其中一人或者数人担任遗产管理存在争议；第三，在没有继承人或者继承人均放弃继承的情况下，对被继承人生前住所地的民政部门或者村民委员会担任遗产管理人有争议。本案中，刘某与徐某之间存在民间借贷关系，刘某为债权人，徐某为债务人，二者之间明显存在利害关系，因此刘某有权向法院申请指定徐某的遗产管理人。

三、专家建议

遗产管理人制度能够有效处理复杂的遗产继承问题，有利于保护公民的个人合法财产。遗产管理人需要承担清理遗产并制作遗产清单、向继承人报告遗产情况、采取必要措施防止遗产毁损灭失、处理被继承人债权债务等职责，在维护继承人利益的同时也保障被继承人的利害关系人的合法权益，有助于在发生遗产纠纷时或无人继承的情形下处理纠纷。在确定遗产管理人的时候，不仅要考虑被继承人的意愿，也要考虑遗产管理人的意愿，以确保被继承人的遗产能被有效保存和管理。

四、关联法条

《民法典》第 1145 条、第 1146 条、第 1147 条；

《最高人民法院关于适用〈中华人民共和国民法典〉时间效力的若干规定》第 3 条。

被继承人债务该如何清偿

一个人的离世有时候并不意味着完全切断了他与这个世界的连接，因为在他身上所承载的法律关系并未戛然而止，而是依然发生着法律效力，也可能依然影响着与他相关之人的未来生活。如果被继承人负债累累，债权人该向谁去追偿债务以保护自己的利益呢？继承人又是否可以仅继承被继承人的财产权利而不继承债务，或者放弃继承权来对抗债务清偿责任呢？这些问题我们都能从《民法典》等相关法律法规中找出答案。

一、案例简介

（一）基本案情

吴1向史某提出借款请求，于2020年9月23日出具借据一份，内容为：今由史某同志处借到现金拾万元整。借款日期为2020年9月23日，还款日期为2020年底，但二人并未约定支付利息。史某多次通过银行转账、微信转账等方式向吴1支付10万元。然而，吴1未及归还该款便已去世。孟某系吴1生前妻子，吴某系吴1儿子，二人系吴1法定继承人。史某要求孟某和吴某偿还吴1所借款项10万元，但二人对借据真实性持异议，因此不认可该笔借款并拒绝还款。为此，史某向法院提起诉讼，要求孟某、吴某归还10万元借款并支付利息。史某向法院提交了其向吴1转款的银行借记卡账户历史明细清单、微信支付转账电子凭证等证据。同时经史某申请，法院委托某司法鉴定所对借据真实性进行鉴定，鉴定结果为：借据下方"借款人"处的"吴1"签名字迹与样本上的签名字迹是同一人所写。①

（二）法院裁决

一审法院结合史某提交的借据及转账证据，确认史某和吴1之间存在民间借贷法律关系。吴1死亡后，孟某、吴某作为吴1的法定继承人应在继承吴1的遗产范围内清偿吴1生前所负债务。遂判决，孟某、吴某在继承吴1遗产范围内向史某偿还借款10万元，并支付自2021年1月1日起至该笔欠款全部清偿之日止的利息（以10万元为基数，自2021年1月1日起按同期全国银行间同业拆借中心公布的一年期贷款市场报价利率计算）。被告不服一审判决，提起上诉。

二审期间，双方当事人均未提交新证据。二审法院经审理查明的事实与一审法院查明的事实无异，对一审法院查明的事实予以确认。因此，对于孟某、吴某的上诉请求不予支持，驳回上诉，维持原判。

二、以案说法

本案争议的焦点主要有两个：一是史某与吴1之间是否存在合法有效的借贷关系；二是孟某和吴某是否应当对吴1的债务在实际继承遗产的范围内承担清偿责任。

（一）借贷关系的确认

根据《民法典》的规定，自然人之间的借款合同，自贷款人提供借款时成立。本案中，吴1向史某借款10万元，于2020年

---

① 详可参见北京市第二中级人民法院（2022）京02民终7560号民事判决书。

9月23日订立借据，史某通过银行转账、微信转账方式事实上向吴1给付了10万元，转账凭证、转账数额与借据相印证，因此吴1与史某之间形成民间借贷法律关系。而且史某与吴1之间的民间借贷关系是双方当事人的真实意思表示，不违反法律、行政法规的强制性规定，合法有效。

根据《民法典》的规定，借款人应当按照约定的期限返还借款，未按照约定的期限返还借款的，应当按照约定或者国家有关规定支付逾期利息。本案中，吴1给史某出具的借据中载明还款日期为2020年底，但双方并未约定支付利息，因此支付利息的起算时间应为2021年1月1日。

（二）法定继承人清偿责任

根据《民法典》第1161条的规定，继承人以所得遗产实际价值为限清偿被继承人依法应当缴纳的税款和债务。继承人放弃继承的，对被继承人依法应当缴纳的税款和债务可以不负清偿责任。基于"限定继承"原则，法律规定在分割遗产前应当首先清偿被继承人依法应当缴纳的税款和债务。本案中，吴1死亡后，孟某、吴某作为吴1的法定继承人未作出放弃遗产继承的意思表示，因此二者应在继承吴1的遗产范围内清偿吴1生前所负债务，向史某支付10万元借款及利息。

需要强调的是，该条款也规定了"继承人以所得遗产实际价值为限清偿被继承人依法应当缴纳的税款和债务。超过遗产实际价值部分，继承人自愿偿还的不在此限"。立法采取了继承人有限继承被继承人债务的原则。对于超过遗产实际价值的债务，继承人不愿负担的可以不负担，任何组织和个人不能强迫其承担清偿责任。同时，即使共同继承人中的某一继承人愿意承担被继承人的全部债务，这一意思表示也不对其他继承人发生效力。

三、专家建议

本案例仅存在法定继承情况，案情并不复杂，但如果法定继承、遗嘱继承、遗赠并存时，被继承人的债务应当如何偿还呢？我国法律采取尊重被继承人意思表示的立法规则，首先由法定继承人在继承的遗产范围内予以清偿，超过法定继承遗产实际价值的部分，由遗嘱继承人和受遗赠人按照比例清偿。但是在实际的案件审理过程中，法官会发挥自由裁量权，考虑到各自所得利益的大小，按照公平原则予以裁决。

四、关联法条

《民法典》第 667 条、第 675 条、第 676 条、第 679 条、第 1159 条、第 1161 条、第 1162 条、第 1163 条；

《最高人民法院关于审理民间借贷案件适用法律若干问题的规定》第 1 条、第 2 条；

《民事诉讼法》第 260 条。

遗嘱信托效力如何

信托作为家族财富传承的重要工具之一，受到越来越多家庭的青睐，它不仅发挥着处置、规划、传承家庭财产的功能，同时还具有财富风险隔离等重要功能，具有其他法律金融产品无法比拟的优势。特别是《民法典》确认了遗嘱信托这一形式，标志着我国遗嘱信托正式摆脱小众化或高门槛的标签，并以民事基本制度的形式发挥功效，为寻常百姓乃至高净值客户的财富传承提供了多元化的制度选择。

一、案例简介

（一）基本案情

李1与前妻生育一女李2，与现任妻子钦某生育一女李3。2015年8月11日，李1因病过世。过世前，李1于2015年8月1日亲笔订立遗嘱一份。关于财产处理，他要求再购买一套住房，钦某、李2、李3均有权居住，此房永不出售，只传承给下一代；剩余资金成立"李1家族信托基金会"；现有房产出售所得并入"李1家族信托基金会"；基金会由钦某、李某甲、李某乙、李某丙共同负责，每年四人各从基金会领取管理费一万元；钦某、李3每月可领取生活费1万元，所有医疗费用全部报销，李3国内学费全部报销。李1曾于2014年11月23日写下自书遗嘱一份，其中提及设立"李1家族信托基金会"。李2认为，李1与钦某婚前签署财产协议，约定婚前财产以及婚姻关系存续期间取得的财产归各自所有。钦某认为，自己与李1在婚前并未签署婚前财产协议，李1的遗嘱实际无法执行，遗产应按法定继承处理。后因钦某拒不执行遗嘱，且擅自转移部分遗产，李2诉至法院。①

（二）法院裁决

一审法院认为，本案的自书遗嘱符合继承法的要件，遗嘱内容符合信托法对遗嘱信托的要求，因此判决确认李1通过2015年8月1日自书遗嘱设立信托有效，第三人李某乙、李某甲、李某丙为受托人，按照法律规定以及本判决确认的遗嘱内容履行受托人义务。当事人不服一审判决，提起上诉。

二审法院经审理认为，关于对行为人实施的无相对人的意思表示行为作解释，不能单纯拘泥于行为人使用的词句，而应当结合有关文本相关条款、行为人行为的性质和目的、生活习惯以及诚实信用原则来判定行为人的真实意思。本案中，李1于2015年8月1日订立的案涉遗嘱属单方民事法律行为，系无相对人的意思表示行为。一审法院针对遗嘱的具体内容，分析了其产生的相应法律效力，进而认为该遗嘱中的财产内容符合信托法律特征，并就遗嘱的效力根据继承法和信托法的规定进行了认定，因此认为一审法院的观点符合法律对无相对人意思表示行为解释的规范要求。尽管案涉遗嘱中部分文字表述不尽严谨与规范，但一审法院通过对案涉遗嘱通篇内容的把握与解释，将立遗嘱人在遗嘱中的财产安排定性为信托，符合该遗嘱的整体意思与实质内容。在对案涉遗嘱内容解释为信托的基础上，一审法院依据我国《中华人民共和国信托法》（以下简称《信托法》）的相关规定，结合李1

---

① 详可参见上海市第二中级人民法院（2019）沪02民终1307号民事判决书。

设立信托之目的、形式、内容等对案涉遗嘱作了详尽分析，进一步认定案涉遗嘱为有效信托文件，故一审判决并无不当，驳回各方上诉。

二、以案说法

本案的争议焦点主要有三个：一是李1所立遗嘱是否可以认定为遗嘱信托；二是遗嘱信托是否具有法律效力；三是该遗嘱信托如何执行。

（一）自书遗嘱与遗嘱信托

根据《民法典》的规定，自书遗嘱由遗嘱人亲笔书写，签名，注明年、月、日。本案中，李1作为完全民事行为能力人，于2015年8月1日亲笔书写遗嘱，署名并注明具体日期，形式要件完备，亦不存在遗嘱无效的情形，应认定为自书遗嘱有效。根据《信托法》的规定，虽然李1的自书遗嘱中并未出现"信托"字眼，但从遗嘱内容来看，李1表示不对遗产进行分割，而是指定设立"李1家族信托基金会"将遗产作为整体进行管理，共同管理负责人为其妻子及兄弟姐妹。李1还指定了财产用途和受益人，明确了管理人的报酬，并在购买房屋一事上阐明其目的为"只传承给下一代，永久不得出售"，实现处分权与收益权相分离。因此，李1在遗嘱中的意思表示完全符合信托的法律特征，应当认为其希望通过遗嘱的方式设立信托，实现家族财富的传承。

（二）遗嘱信托的效力

根据《信托法》的规定，首先，信托目的必须合法。李1的信托目的在于根据其意志管理遗产并让指定的受益人获得收益，符合法律规定。第二，必须有确定的且为委托人合法所有的信托财产。李1的信托财产均为合法所得，虽有部分贬值，但不影响执行。第三，设立信托应当采取书面形式，包括遗嘱。李1通过自书遗嘱设立信托，该自书遗嘱形式完备且具有法律效力。第四，设立信托的书面文件应当载明信托目的，委托人及受托人姓名或者住址、住所，受益人或者受益人范围，信托财产的范围、种类及状况，受益人取得信托利益的形式和方法。李1在遗嘱中明确了其财产处理、财产使用、财产管理，并表明其信托目的是通过管理遗产来保持其继承人及直系后代获得稳定收益；委托人为李1，受托人为钦某、李某甲、李某乙、李某丙，受益人为钦某、李2、李3，信托财产为其遗嘱中所列举的财产，受益人以居住、报销和定期领取生活费等方式取得信托利益。因此，本案中的遗嘱应认定为有效信托文件。

（三）该遗嘱信托的执行

李1所立遗嘱中，有部分遗产因客观原因贬值或者无处分权而无法执行。但遗嘱中还有受益人收取信托利益等其他内容，上述内容与无法执行的部分之间没有因果关系或前提关系。只要信托财产符合法律规定，即具备执行条件，可按照遗嘱执行。

三、专家建议

随着经济发展带来的财富积累，家财处置问题日益突出，遗嘱信托成为家族财富传承的方式之一。委托人在设立遗嘱信托时，应当符合相关法律规定的形式要件与实质要件，确保遗嘱信托能够有效实现委托人的真实意愿。遗嘱信托中的相关人员均应当遵守遗嘱信托的规定，受托人管理信托财产，必须恪尽职守，认真履行诚实信用、谨慎有效管理的义务，为受益人的最大利益处理信托事务。

四、关联法条

《民法典》第 1122 条、第 1133 条、第 1134 条；

《信托法》第 6 条、第 7 条、第 8 条、第 9 条、第 13 条、第 19 条、第 24 条。

继承纠纷管辖如何确定

诉讼管辖是指各级法院之间以及不同地区的同级法院之间，受理第一审民商事案件、知识产权案件及其他各类案件的职权范围和具体分工。因此，当事人提起诉讼前必须先弄清楚向哪个地区、哪个级别的法院立案，如果管辖权异议或者管辖错误都会增加诉讼成本，浪费司法资源，耗费人心人力。那么，在继承案件中具有管辖权的法院有哪些？法律是怎么规定的？出现管辖权异议又该如何处理呢？

一、案例简介

（一）基本案情

原告吴1与被告田某为婆媳关系，吴1是被继承人吴2的母亲，住台湾省基隆市；田某为被继承人吴2的妻子，户籍地为甘肃省酒泉市。2013年9月29日，被继承人吴2与被告田某结婚，婚后无子女。2020年9月24日，被继承人吴2去世，无遗嘱亦无遗赠扶养协议，主要遗产为位于上海市宝山区的房屋以及存款。被继承人父亲先于吴2去世，原告吴1独自抚养被继承人吴2长大，尽了主要抚养义务，现原告吴1年老，缺乏劳动能力，亦无生活来源。被继承人吴2去世后，被告田某取用吴2名下银行存款，双方就遗产分配发生纠纷，故向上海市宝山区人民法院提起诉讼。[1]

---

[1] 详可参见上海市高级人民法院（2022）沪民辖16号民事裁定书。

（二）法院裁决

上海市宝山区人民法院认为，因继承遗产纠纷提起的诉讼，应由被继承人死亡时住所地或者主要遗产所在地人民法院管辖。本案被继承人吴2于我国台湾省新北市医院因病去世，其主要遗产为招商银行天山支行的本外币存款及基金，该遗产所在地为上海市长宁区，故于2021年11月3日裁定，将本案移送上海市长宁区人民法院处理。

上海市长宁区人民法院认为，上海市宝山区人民法院对本案具有管辖权，该院将本案移送的理由不成立，于2021年12月9日报请上海市第一中级人民法院指定管辖。上海市第一中级人民法院以被继承人主要遗产即房屋所在地为上海市宝山区，上海市宝山区人民法院对本案有管辖权为由，于2022年1月11日报请上海市高级人民法院指定管辖。

上海市高级人民法院认为，本案为因继承遗产纠纷提起的诉讼。根据《民事诉讼法》《最高人民法院关于适用〈中华人民共和国民事诉讼法〉的解释》的相关规定，上海市宝山区人民法院将本案移送上海市长宁区人民法院管辖的处理不当，应予纠正，故裁定本案由上海市宝山区人民法院管辖，本裁定一经作出即生效。

二、以案说法

本案的争议焦点为：如何确定吴2继承遗产纠纷管辖权。

根据《民事诉讼法》第34条第3款规定："因继承遗产纠纷提起的诉讼，由被继承人死亡时住所地或者主要遗产所在地人民法院管辖。"本案被继承人吴2的主要遗产为位于上海市宝山区的房屋，属于上海市宝山区人民法院的辖区，因此上海市宝山区人民法院具有管辖权。此外，根据《民事诉讼法》第130条第2款规定："当事人未提出管辖异议，并应诉答辩的，视为受诉人民法院有管辖权，但违反级别管辖和专属管辖规定的除外。"《最高人民法院关于适用〈中华人民共和国民事诉讼法〉的解释》第35条规定："当事人在答辩期间届满后未应诉答辩，人民法院在一审开庭前，发现案件不属于本院管辖的，应当裁定移送有管辖权的人民法院。"因此，人民法院依职权移送管辖应当是在当事人答辩期届满后未应诉答辩的情况下，且应当在一审开庭前进行。而本案上海市宝山区人民法院于2021年6月3日立案，立案后提交答辩状期间，当事人未就管辖权提出异议。2021年9月16日，上海市宝山区人民法院开庭审理本案，当事人均到庭参加庭审并应诉答辩。故，上海市宝山区人民法院在当事人未提出管辖权异议并应诉答辩的情况下，且在开庭审理后，将本案依职权移送上海市长宁区人民法院处理，不符合上述法律和司法解释的规定。因此，本案应当由上海市宝山区人民法院管辖。

三、专家建议

对于继承纠纷管辖案件，当事人应到被继承人死亡时住所地或主要遗产所在地的人民法院起诉。这是法律规定的专属管辖，即当事人只能到上述法律规定的人民法院起诉，而不能到其他法院起诉。但是，需要注意的是，由于人民法院还有级别管辖的问题，因此对于重大涉外案件或者在政治上或经济上有重大影响的案件应当到符合级别管辖的人民法院起诉。关于主要遗产地的确定，审判实务中有两种观点：一是查清被继承的所有遗产后确定主要遗产所在地；二是按照继承人主张继承遗产的范围确定主要遗产所在地。审判实务中倾向于按照当事人请求的范围确定管辖权，这种做法可资参照。

四、关联法条

《民事诉讼法》第 34 条、第 130 条；

《最高人民法院关于适用〈中华人民共和国民事诉讼法〉的解释》第 35 条。

多份遗嘱效力如何认定

　　全球化发展促进了不同地域之间的人员融合，特别是跨国婚姻带来越来越多的涉外家事问题，其中，由于制度背景、文化传统的差异，各国继承制度的法律冲突尤为明显。继承关乎大国的稳定与小家财富的传承，遗嘱继承作为充分尊重被继承人生前意思表示的财产流转方式，在涉外继承领域得到广泛认可。如果继承纠纷中，既存在多份遗嘱问题，又存在涉外关系问题，那遗嘱效力应该如何确定呢？

一、案例简介

（一）基本案情

　　区 8（中国香港籍）与区 9 为夫妻关系，二人共生育两名儿子，分别是区 1 和区 7（美国籍）。区 8 与尹某（中国香港籍）未登记结婚，二人共生育五名子女，分别是区 2（中国香港籍）、区 3（中国香港籍）、区 4（美国籍）、区 5（中国香港籍）、区 6（中国香港籍）。被继承人区 8 于 2011 年 4 月 23 日在香港特别行政区某医院死亡，被继承人区 9 于 2012 年 8 月 1 日死亡。区 8 及区 9 的父母均先于其死亡。

　　2004 年 9 月 10 日，区 8 在广州市某司法所立下遗嘱，遗嘱内容为将遗产中广东省内所有动产和不动产及相关公司所属股份和权益由儿子区 1 继承。该遗嘱经广州市某公证机关公证。后区

8 于 2005 年 7 月 27 日在香港特别行政区某律师事务所立下遗嘱，遗嘱内容为将所有遗产赠予尹某，遗嘱执行人为区 2，并声明撤销此前订立的所有先前遗嘱及遗嘱处置，此乃最后遗嘱。该遗嘱经两名见证人签名见证，且香港特别行政区高等法院于 2011 年 11 月 18 日出具遗嘱认证书。2011 年 6 月 20 日，区 9 立下遗嘱，遗嘱内容为将遗产指定由儿子区 1、区 7 二人共同继承，各占二分之一。该遗嘱经过广州市某公证机关公证。2021 年，区 1 要求继承区 8 遗产，与其他相关人员产生遗产继承纠纷，故诉至法院。[①]

（二）法院裁决

一审法院认为，因被继承人区 8、尹某及区 7 等人均为香港特别行政区居民或美国公民，该案系涉外继承纠纷案件。在法律适用上，根据《中华人民共和国涉外民事关系法律适用法》（以下简称《涉外民事关系法律适用法》）的相关规定，区 8 于 2004 年和 2005 年订立遗嘱时的所在地分别为中国大陆和中国香港，因此区 8 的遗嘱只需符合其中一地法律，均成立且有效。本案中，由于区 1 主张的部分不动产经查实并非区 8 所有，另外主张的区 8 其余各项遗产均在域外，且在区 8 的第二份遗嘱中已作出处分，因此区 1 的主张无事实和法律依据，不予支持，驳回区 1 的全部诉讼请求。区 1 不服一审判决，提起上诉。

二审期间，各方当事人均没有提交新证据，经审理查明的事实与一审判决查明事实一致，故上诉请求不能成立，应予驳回；一审判决认定事实清楚，适用法律正确，应予维持。本判决为终审判决。

[①] 详可见广东省广州市中级人民法院（2022）粤 01 民终 13782 号民事判决书。

二、以案说法

本案的争议焦点在于区 8 的多份遗嘱效力如何认定。

因本案当事人区 8、尹某、区 3、区 5、区 6 为中国香港籍，区 4 和区 7 为美国籍，故本案系涉外继承纠纷案件。根据《涉外民事关系法律适用法》第 32 条规定："遗嘱方式，符合遗嘱人立遗嘱时或者死亡时经常居所地法律、国籍国法律或者遗嘱行为地法律的，遗嘱均为成立。"第 33 条规定："遗嘱效力，适用遗嘱人立遗嘱时或者死亡时经常居所地法律或者国籍国法律。"本案中，区 8 分别于 2004 年在广州订立遗嘱，2005 在香港订立遗嘱，其最终在香港去世，因此其订立的遗嘱只需要符合中国大陆或者中国香港法律即可。该两份遗嘱均是区 8 的真实意思表示，形式要件完备，或经过公证，或具有法院认证书，因此可认定这两份遗嘱均成立且具有效力。

遗嘱人设立数份遗嘱时，如何确定数份遗嘱的效力呢？根据《民法典》第 1142 条第 3 款的规定："立有数份遗嘱，内容相抵触的，以最后的遗嘱为准。"该条款规定了遗嘱撤回与变更的方式，如果遗嘱人设立了内容相抵触的遗嘱，则推定遗嘱人以后一份遗嘱撤回前一份遗嘱，所以应以最后的遗嘱为准。遗嘱的撤回和变更需要符合以下条件：一是遗嘱人必须具有设立遗嘱的能力；二是撤回或者变更遗嘱属于遗嘱人真实的意思表示；三是须由遗嘱人亲自按照法定的程序和方法进行。遗嘱撤回或变更只要符合撤回或变更条件，自作出之时即发生效力。本案中，区 8 作为完全民事行为能力人，于 2004 年和 2005 年分别订立了遗嘱，此外未再订立遗嘱，且该两份遗嘱订立程序合法有效，是其真实意思表示，但遗嘱内容却互相冲突。由于 2005 年订立的遗嘱是区 8 的最后一份遗嘱，在该份遗嘱中区 8 "声明撤销此前订立的所有先前遗嘱及遗嘱处置"，表示区 8 撤回 2004 年订立的遗嘱，2004 年的遗嘱自撤回生效时起，遗嘱内容不发生效力，因此区 8 的遗产处理应当按照 2005 年订立的遗嘱执行。

三、专家建议

根据民法意思自治原则，遗嘱人可以根据自己的意志自由变更或者撤回遗嘱，但是需要符合法律规定必须以明示或推定的方式实现。因此，为了保证遗嘱的有效性，避免引起不必要的继承纠纷，遗嘱人应当在订立遗嘱前做好周全考虑。若在订立遗嘱后对遗产又有另行安排，应当按照法律规定及时变更或者撤回先前遗嘱。

四、关联法条

《民法典》第 1122 条、第 1123 条、第 1142 条；

《民事诉讼法》第 34 条；

《涉外民事关系法律适用法》第 31 条、第 32 条、第 33 条。